Enfant en situation de conflit armé et de violence urbaine

Bibliographie annotée et signalétique

I0121732

Tshikala. K. Biaya

Série des monographies

CODESRIA

Enfant en situation de conflit armé et de violence urbaine

Bibliographie annotée et signalétique

Tshikala K. Biaya

Série des monographies

La publication de la **Série des monographies du CODESRIA** a pour objet de stimuler la réflexion, les observations et encourager une étude plus approfondie des thèmes couverts. Paraîtront dans cette série, les travaux s'appuyant sur les revues universitaires mais trop peu volumineux pour paraître sous forme de livres. Par ailleurs, ce seront des travaux méritant d'être mis à la disposition de la communauté de recherche africaine ou d'ailleurs. Les études de cas et/ou les réflexions théoriques peuvent entrer dans cette catégorie. Cependant, elles doivent contenir des résultats et des analyses importants ainsi que des évaluations critiques des écrits actuels sur les sujets en question.

Enfant en situation de conflit armé et de violence urbaine
Bibliographie annotée et signalétique

Publié et imprimé par le CODESRIA

ISBN: 2-86978-118-0

CODESRIA exprime sa gratitude à l'Agence suédoise pour la coopération en matière de recherche avec les pays en voie de développement (SIDA/SAREC), au Centre de recherche pour le développement international (CRDI), à la Fondation Ford, à la Fondation Mac Arthur, Carnegie Corporation, au ministère des affaires étrangères de Norvège, à l'Agence danoise pour le développement international (DANIDA), au ministère français de la coopération, au Programme des Nations-unies pour le développement (PNUD), au ministère néerlandais des Affaires étrangères, FINIDA, NORAD, CIDA, IIEP/ADEA, OECD, IFS, Oxfam America, UN/UNICEF et au gouvernement du Sénégal pour leur soutien généreux à ses programmes de recherche, de formation et de publication.

Sommaire

Première partie: état des lieux

Deuxième partie: bibliographie

Première partie: état des lieux

Tshikala K. Biaya est décédé en juillet 2002 à Dakar. Par la
publication de cette monographie à titre posthume,
le CODESRIA, dont il a été un membre actif, lui rend hommage.

Cette bibliographie annotée et signalétique a été rendue possible grâce au concours de différentes bibliothèques du CODESRIA et de l'African Studies Center, de Leiden University, Pays-Bas. Nous voulons particulièrement remercier Dr Harriot Beazley, du Centre for Family Research, University of Cambridge, dont la contribution à cette étude est vivement appréciée.

L'enfant dans les conflits armés et dans la violence urbaine en Afrique

Un champ d'étude en friche?

Les études sur l'enfant en situation de conflits armés et en situation de violence urbaine sont récentes; elles s'appuient sur un courant d'études déjà en marche en Occident: les études sur la famille, la femme et l'enfant, d'une part et sur celles portant sur la masculinité, d'autre part. En 1985, avec le Forum du Grand-Bassam, elles viennent aussi s'y ajouter et s'imposent petit à petit comme deux disciplines nouvelles aux côtés des études sur les guerres et la délinquance; cette dernière étant approchée avant tout selon le droit. La Convention relative aux droits de l'enfant (1989) et la Déclaration de l'OUA sur les droits de l'enfant (1990) viennent renforcer la Convention de Genève de 1949, relative à l'usage des enfants dans les guerres. Dès lors, une révolution conceptuelle et un changement de perspective dans leur approche de l'enfance marquent un nouveau point de départ pour l'approche de l'enfance en Afrique.

Toutefois, ces deux phénomènes—l'enfant en situation de conflit armé et la violence urbaine—ne sont pas spécifiques à l'Afrique. Au contraire, ils sont répandus dans le monde. Le premier qui avait tendance à se figer dans le Tiers-monde resurgit mieux en Russie, en Bosnie, au Kosovo, etc. tandis que le second est le phénomène le mieux partagé dans le monde entier: l'enfant dans la violence urbaine se retrouve autant dans les pays développés que dans le reste du monde. La mondialisation et la médiatisation des phénomènes ont fini par leur donner leur figure actuelle et de cliché et de processus qui méritent une analyse approfondie pour que leur sens exact et leur portée soient d'abord compris avant qu'une action corrective ne soit entreprise avec des chances de réussite.

Aussi loin que remontent les études sur les enfants en situation de guerre, la figure de l'enfant-soldat domine la littérature par sa prégnance; mais elle n'est pas d'apparition récente. Depuis l'antiquité, Sparte nous en livre la première version. L'armée de Napoléon Bonaparte comportait un régiment des enfants de 12 ans; la marine de sa majesté britannique recrutait des cadets de 15 ans qui ont participé à la bataille de Trafalgar sous la direction de l'amiral H. Nelson, etc. Dans la période contemporaine, le phénomène d'enfants soldats s'est généralisé dans les différentes zones de guerre allant de l'Asie du Sud-est à l'Amérique latine en passant par l'Europe centrale et le Moyen Orient. L'Afrique n'est pas en reste. Elle possède aussi ses enfants-soldats que sont les «Small Boys» de J. Garang ou les «kadogo» de Kabila. Cette figure participe aux combats à deux titres: d'agent et de victime de la guerre. Cependant, c'est d'abord la nature de cette guerre qui mérite d'être interrogée.

Depuis près de cinquante années, l'Afrique est engagée dans la guerre: cette guerre a pris diverses appellations et diverses formes: les luttes nationalistes et anti-coloniales ou «les guerres d'indépendance», les luttes pour la libération nationale dites les «guerres pour la seconde indépendance» et les dernières en date sont «les luttes pour la démocratisation». Ces trois guerres ont impliqué les enfants dans les situations de conflits armés à travers leurs recrutements parfois massifs et leurs effets négatifs. Cette violence armée, qui apparaît comme une résultante des factions s'affrontant n'est pas à isoler de la violence urbaine, puisque toutes les deux ont une même origine et ont fini par se rejoindre dans certains pays; parfois elles s'échangent même les acteurs: nous avons nommé les enfants et les jeunes. De plus, ces violences des factions armées et celles urbaines ne sont point à dissocier du contexte mondial, dans lequel elles s'inscrivent et où les combattants puisent des référents identitaires même si elles sont localisées sur le continent africain. Elles n'en sont pas moins aussi façonnées par la mondialisation, le dernier-né des grands bouleversements de ce siècle finissant, autant que cette dernière pousse les jeunes, soldats, milices et bandes armées à innover ou à négocier leurs stratégies et formes de violences afin qu'elles répondent au modèle du personnage recherché: Rambo, Commando... La dernière caractéristique, non moins importante, est le retrait de la communauté internationale dans ces «petites guerres» depuis la chute du communisme; mais cette option a laissé la place à des prédateurs nouveaux ayant mis en place une mafia internationale de vente d'armes à moindre coût, qui a transformé cette même option internationale en un crime de non-assistance aux groupes faibles et non armés en danger d'Afrique, de la part des grandes puissances. Ces dernières souvent adhèrent à de nouvelles théories fallacieuses, reposant sur les productions médiatiques et leurs analyses à l'emporte-pièce qui négligent la quête d'analyses assurées sur l'Afrique.

Les études sur l'enfant en situation de guerre semblent faire certes ombrage à celles sur la violence urbaine. Pour autant cette projection d'ombre n'obscurcit que le pont reliant les deux phénomènes, puisqu'elle est liée à la division du travail scientifique. Ce pont est déjà jeté. Les deux formes de violence ont fini par fusionner et donnent aujourd'hui l'ampleur de la violence existante dans les villes comme Mogadiscio, Kinshasa, Brazzaville ou Johannesburg. Leur violence n'a plus rien à envier à celle qui prévaut à Bogota ou à Manille. Les études menées depuis la moitié des années 1990, ont révélé la face de cette violence qui prit pour cible l'enfant. Qu'elle soit structurelle ou conjoncturelle, sa cible est claire et ses mécanismes se raffinent de plus en plus. La sécurité se privatisant (Mbembe 1999), l'État en Afrique se dévoile comme une machine à violence non seulement en temps de guerre, mais aussi en temps de paix. L'État a poussé les jeunes à envahir les espaces du vide d'où il se retire. La mondialisation culturelle et économique aidant, l'Afrique qui la vit à sa manière, à travers les productions médiatiques, s'en construit une, indocile. Les études sur la masculinité et ses crises indiquent les migrations comme une forme de réaction contre cette violence (Biaya à paraître), celles sur les transformations de cette violence la présentent comme une responsabilité morale et stratégique de toutes les nations puisqu'elle peut s'exporter et déstabiliser toute une sous-région. «Ce processus de dissémination de la violence n'est pas uniquement de type criminel et mafieux [...] Très souvent, en effet, il est étroitement imbriqué à des conflits ethniques (cas du Rwanda), religieux (cas de l'Algérie et du Soudan), ou politiques (cas du Mozambique) quand ce n'est pas une combinaison complexe des trois types de conflits» (El-Kenz 1995:107). Dans ce cadre, les jeunes constituent une menace pour le système politique kleptocratique en place et ses réseaux clientélistes; ils produisent de la contre-violence étatique à travers des bandes menant une justice instantanée et populaire, qui ont pris la relève des contestations socio-politiques exprimées dans les danses et chansons. Cette séquence de la violence a rejoint la violence armée dans certaines villes, où la sécurité a été privatisée donnant naissance aux milices partisanes dans la transition démocratique. Le pas entre la culture de la violence et la pratique a été franchi. Toutefois, des études de cas reposent sur une approche descriptive et typologique qui débouche sur une élaboration conceptuelle et pragmatique.

L'enfance, une construction sociale et son universalité relative

Avant d'aborder la question des violences, il est d'importance que soit abordée celle de l'enfance. Plusieurs conceptions et définitions de l'enfance existent. Celle-ci est généralement définie en fonction des normes culturelles de l'Occident influencées par le christianisme et la culture de la classe moyenne, insistant sur le fait que l'enfance est une période à haut risque nécessitant la protection de la part de l'adulte. L'enfance est alors perçue comme une période de développement conduisant à l'état d'adulte; elle est caractérisée par l'innocence, la vulnérabilité, l'immaturité et l'incapacité à assumer des responsabilités. Dans ce contexte, l'enfant est aussi perçu comme un être inoffensif et le symbole de l'espérance, puisqu'il est

4

l'embryon de la femme ou de l'homme de demain. Ces qualificatifs sans s'y référer explicitement reprennent ou renvoient à son image biblique d'ange. Cet état justifie donc sa prise en charge et son besoin de protection par les parents subvenant aussi à tous ses besoins jusqu'à l'âge de la majorité civile qui varie d'un pays à l'autre, entre 18 et 21 ans. Cette définition enracinée dans la culture de la société occidentale marque aussi combien relative elle est face aux autres cultures. C'est ce discours «petit bourgeois» qui se retrouve en bonne place au sein des chartes et conventions internationales sur l'enfant. Même en Afrique. Nous reviendrons sur sa pertinence et son sens.

En Afrique, la conception et le discours sur l'enfant sont différents. L'enfant est un don de Dieu, un ancêtre qui renaît. Loin d'être un être que l'on conduit vers l'autonomie, il est source de grande joie puisqu'il est le remplaçant et le continuateur de la chaîne générationnelle reproduisant la famille autant qu'il est un soutien pour les vieux jours de ses parents, une sorte de sécurité sociale. Entre la naissance et l'état d'adulte, l'enfance passe par une série de noms caractérisant les types de tâches et de responsabilités que la société attend d'elle ou qu'elle lui assigne. Très tôt, n'entend-on pas souvent dire avec une expression de joie et de satisfaction: «cette fille est une femme» ou «ce garçon est déjà un homme». Cette vision de l'enfance et de son rôle connaîtra une double mutation, d'abord, avec la modernité et ensuite, en temps de guerre et de violence urbaine. Le mariage précoce des filles et garçons rwandais dans les camps de réfugiés ou les filles-mères des cités urbaines, que l'on retire de l'école, en livrent une indication pertinente.

Depuis quelques années, l'enfance est aussi analysée et présentée comme une construction sociale. Cette perspective permet d'en entreprendre une étude qui ne se préoccupe plus du «petit homme» en devenir, du futur adulte mais de l'enfant réel dans la situation présente et son implication dans l'action. Il est considéré comme un acteur social qui est doté d'une présence effective, active. Partant, Honwana (1999:8) croit que la notion d'enfance ne peut être prise dans une terminologie universelle. L'enfance varie d'une culture à l'autre; elle se construit en se rattachant à une culture, à la classe, au genre et à d'autres variables. Mieux, cette affirmation ne veut point rejeter l'universalité de l'enfance, à la condition qu'elle soit comprise dans une formulation et formalisation «émique», qui permettrait de transcender les approches anthropologiques consistant à lire l'Autre à partir de la propre culture du chercheur et ses normes. À ce titre, comme le soutient si bien Ennew (1998:7-8), même les conventions sur les droits de l'enfant pourraient se lire d'abord comme des constructions sociales et sont donc négociables. Ces différentes approches nouvelles dans la définition, la formulation et la prescription de l'enfance aident à mieux approcher les phénomènes à l'étude.

Un dernier acquis théorique sur les enfants est l'apparition de concepts nouveaux qui essaient de redéfinir et d'analyser plus finement les conditions nouvelles se dressant face au chercheur et au praticien. Il répond à un besoin d'outils conceptuels non seulement pour développer la discipline et la réflexion du chercheur, mais il ouvre aussi la voie à une demande d'action de terrain qui pourrait en sanctionner la validité. Contrairement aux études sur les enfants en situation de conflit armé, les chercheurs et praticiens des enfants de la rue refusent de limiter l'âge de l'enfance puisque cette limite n'est pas pertinente. En effet, deux générations de guerre en Angola ont prouvé que cette limitation était aberrante, quand il a fallu parler de la réinsertion des ex-combattants locaux ou celle des combattantes de la SWAPO revenues d'Angola, à la libération du pays.

La figure de l'enfant dans les violences armées

La littérature sur l'enfance dans la situation de violence armée peut être historiquement circonscrite aux trois différentes formes de guerre citées plus haut. La particularité de ces guerres repose sur leur propre contexte historique, économique, politique et culturel changeant qui nécessite une analyse de l'économie politique des guerres en Afrique. La colonisation, entreprise de la fin du XIXe siècle, a entraîné l'Afrique dans la modernisation en la dotant d'États modernes qui étaient davantage des administrations locales de la métropole, laquelle engloutissait les biens produits ou extraits des colonies. Cette exploitation dont elle était la bouche de l'entonnoir, va entraîner une résistance qu'est le nationalisme colonial et conduire aux luttes de l'indépendance. Celles-ci prendront différentes formes. Dans les colonies portugaises et celles britanniques d'Afrique australe, où le racisme est une idéologie politique, l'élément stratifiant la société et un facteur de contrôle du pouvoir blanc, la guerre va entraîner les enfants dans son sillage. Les enfants du Zimbabwe, alors Rhodésie du Sud, s'enrôlent volontairement pour aller s'entraîner en Zambie et au Mozambique afin de revenir «bouter dehors» le dominant et son régime raciste. Dans les guerres de la «seconde indépendance», les fronts de libération nationale du pays montent des guérillas s'opposant aux chefs d'État corrompus et patrimonialistes. Après l'échec du maquis de P. Mulele au Kwilu, ils organisent des armées de jeunes dans les camps des réfugiés situés dans les pays limitrophes et ils

6

tentent de renverser le pouvoir néocolonial. Cependant, la particularité d
ces guerres, jusqu'en 1989, c'est qu'elles sont inscrites dans le carcan de la
guerre froide. Les troisièmes guerres, que j'ai nommées ailleurs «le
syndrome Museveni», surviennent dans un mouvement de changement de
l'équilibre stratégique mondial et de la mondialisation (Biaya 1999a). Ce
dernier phénomène s'oppose très certainement à la modernisation, qui est la
production d'un État-nation. Ce mouvement centrifuge repose sur la
déconstruction de cet espace pour qu'il autorise la libre circulation des
capitaux et des biens, y compris les armes et la guerre. Il n'empêche que
Museveni, arrivé au pouvoir en 1985, en soit le modèle même si la bouche
populaire, à la mémoire historique labile, appelle cette vague «le modèle
Kabila». Ce mouvement est conduit par les révolutionnaires et marxistes
d'hier qui faisaient peur aux États–Unis, et ils sont devenus les chefs d'État
les mieux appréciés de l'Occident soucieux de se débarrasser de ses
«dinosaures». Une seconde dimension qui différencie ces troisièmes guerres
des précédentes est que les secondes luttant contre l'impérialisme étaient
dirigées contre des pouvoirs patrimonialistes ayant érigé leur dictature sur
le double projet de la construction de l'État-nation à partir du parti unique et
du développement national. Ce credo s'étant révélé un véritable mirage
économique ayant produit une classe minoritaire de riches constituant la
société civile et une majorité de pauvres repliée dans la zone d'inexistence.
Les troisièmes guerres apparaissent comme une expulsion du pouvoir de
cette bourgeoisie d'élite ayant échoué à développer le pays et une réponse à
la volonté de démocratisation des populations nationales. Cependant, après
quarante années de pouvoir kleptocratique, où la politique du ventre a réussi
à créer des zones de criminalisation de l'État, dans les espaces sociaux
vides que ce dernier a laissés, s'est infiltrée et s'est développée la violence
urbaine. La jonction entre ces deux phénomènes—la violence armée et la
violence urbaine—s'est déjà réalisée dans les récentes guerres en Afrique
de l'Ouest et en Afrique centrale, déstabilisant des sous-régions entières.
Par contre, les guerres de la période de l'après-guerre froide ne doivent
point être analysées comme un retour aux guerres ethniques et tribales ou
encore comme le retour d'un «barbarisme malthusien» (*Malthus–with–gun*)
lié à la question de l'environnement (Kaplan 1994). Au contraire, ces
guerres ont démontré que les conditions de renversement des pouvoirs
dictatoriaux ont aussi connu une mutation. Les Africains prennent en
charge ces guerres de moindres coûts (la Somalie, la Libye, l'Ouganda, le
Rwanda, l'Éthiopie, etc.) autant que les «seigneurs de guerre» nouvellement
apparus, recourent à l'exploitation des ressources naturelles des zones

libérées ou conquises, pour financer leur guerre. Un second facteur qui favorise la prolifération de cette guerre est le coût peu élevé des armes utilisées qui sont fabriquées dans les pays de l'Europe de l'Est. Parfois, ces «seigneurs de guerre» connaissent un soutien logistique et stratégique des conseillers militaires des États–Unis (Ouganda, Rwanda, etc.) et de la France (C. Taylor) pays qui sont engagés dans une compétition économico-culturelle, l'appui des mercenaires africains traversant les frontières et brisant l'embargo sur les armes imposé par les Nations Unies. Dès lors des «mariages» contre-nature au plan idéologique se mettent en place pour soutenir une faction contre l'autre. Ces alliances qui s'effectuent au nom de la démocratisation laissent se profiler la dictature unipolaire des États-Unis. d'une part; et de l'autre, «fournissent l'indice d'une réflexion indispensable sur l'importance de la séquence événementielle dans la nature des phénomènes politiques plus contemporains» (Marchall 1993:296).

Dans ces guerres, anciennes et nouvelles, cinq catégories importantes de conditions d'enfants sont apparues: les enfants-soldats, les enfants victimes, les enfants déplacés, les enfants réfugiés et les enfants ex-combattants ou démobilisés. Ces différentes catégories d'enfants sont en toutes circonstances des agents et des victimes de la guerre mais à des degrés différents et dans des circonstances aussi différentes. La littérature sur les enfants-soldats insiste plus sur leur caractère de victimes que celui d'agents. Victimes, ils le sont dans la mesure où le recrutement ne tient pas compte parfois de leur volonté, violant surtout la Convention de Genève de 1949. Interrogés, les enfants-soldats justifient leur enrôlement volontaire comme étant dû à une volonté de venger les parents tués, de rejoindre les amis, d'échapper à la famine, de défendre leur nation et de trouver une sécurité psychologique. lorsqu'ils sont orphelins ou qu'ils ont perdu la trace de leurs parents. Certains auteurs rejettent ces raisons qu'ils taxent de fruit du matraquage idéologique ayant cours dans l'armée. D'autres étudiant des récits récoltés et des interviews qu'ils ont conduites auprès des ex-combattants, attestent que ces jeunes ont une vision politique et même ont anticipé sur les événements survenus au Sierra Leone sept mois plus tard. Par conséquent. toute vision idéaliste d'une «enfance en danger» ne saurait être poursuivie. Au contraire, ces jeunes ne sont point des enfants, même s'ils ont perdu «leur enfance» pour n'en avoir pas joui.

Les enfants-soldats ne sont pas à l'abri de la violence. Outre le fait qu'ils tuent jusqu'au parricide, ils subissent d'abord une initiation des plus horribles: les chefs de guerre leur apprennent à tuer en les obligeant à tuer, parfois à manger de la chair humaine. Ils sont eux-mêmes victimes d'abus sexuels. Désignés comme «estafettes», ils servent de cobayes et de détecteurs dans les champs de mines. La superstition (ils sont initiés aux pratiques magiques les rendant invulnérables), la drogue et l'alcool leur jouent de vilains tours puisque, sous cette influence, ils ne reculent pas devant l'ennemi malgré les pertes subies. Ces pratiques les muent en chair à canon puisqu'ils sont placés aux premières lignes du front. Les enfants-soldats sont surexploités dans la production des ressources naturelles qui permettent de financer la guerre (exploitation forestière, diamantaire, etc.); mais ils découvrent aussi les joies du service lorsqu'ils sont payés et s'autorisent à commettre violences et viols sur les populations civiles performant ainsi leur nouvelle identité de Rambo et autres violents personnages hollywoodiens.

Une nouvelle catégorie d'enfants-soldats a vu le jour à Brazzaville: les milices politiques qui ont été transformées en factions armées. Ces jeunes désœuvrés se conduisent rarement comme de véritables militaires. En fait, ils n'ont reçu que les rudiments d'instruction militaire, limités au maniement de l'arme s'il ne le connaissaient pas déjà. Par contre, leur grande activité consiste à piller, à mettre à sac les villes et les maisons des nantis emportant au village ou dans les villes secondaires les biens ainsi gagnés. Cette valorisation ne va pas sans qu'une nouvelle identité de guerre ne s'instaure. Ils innovent en art de violenter et de tuer: ils créent des catégories d'identification de l'ennemi à plumer au-delà des oppositions anthropologiques binaires et de l'identité ethnique. Ces formes traditionnelles sont abandonnées au profit des stratégies nouvelles. La même attitude a été observée aussi au Rwanda où les milices opérant le génocide, recouraient à des formules d'identification du Tutsi ou du *Hutsi*, toute personne métisse de parent Hutu et Tutsi, pour le tuer. Ces tendances centrifuges et violentes se multiplient avec la criminalisation du politique. A l'instar de Brazzaville divisée en quatre zones ou de Mogadiscio et ses «chefs de clans», dans la zone orientale du Congo-Kinshasa, le butin de guerre en soi semble être devenu, pour les milices, une raison de tuer afin de déposséder le propriétaire de son bien.

La catégorie des enfants victimes de la guerre regroupe toutes les catégories d'enfants en situation de guerre. Toutefois, les enfants victimes au sens strict, sont ceux qui sont morts, tués par les combattants adultes et enfants. Les enfants mutilés de la guerre sont aussi légion. La dernière guerre de Sierra Leone a montré le haut niveau atteint dans le raffinement des atrocités de guerre: les victimes avaient le choix du membre de leur corps que le jeune soldat devait amputer. Par contre, les statistiques indiquent que la moitié des mines antipersonnel se retrouvent en Afrique et que ce sont surtout les enfants qui en sont les victimes tout indiquées. Une dernière catégorie d'enfants victimes est constituée des enfants morts de maladies (épidémies et endémies) survenues suite à l'insalubrité, au manque d'eau potable et de médicaments. Parfois la famine, comme au Soudan, fait des ravages autant que l'aide humanitaire mal canalisée a causé la mort des réfugiés rwandais dans les camps du Kivu: l'armée américaine largua à haute altitude des caisses sur les camps faisant des victimes (Prunier 1998).

Les enfants déplacés et les enfants réfugiés même s'ils ne partagent point les mêmes conditions d'aide et d'égards conformément à la classification et à la pratique du Haut Commissariat aux réfugiés, leurs conditions de vie s'équivalent objectivement; elles sont précaires. L'enfant réfugié se retrouve hors de son pays alors que l'enfant déplacé ne l'est pas; mais tous deux connaissent un éloignement du contexte domestique et parfois un même dénuement extrême frappe l'enfant déplacé, qui ne reçoit pas d'aide de l'UNHCR. L'enfant réfugié reçoit l'aide des organisations humanitaires de manière prioritaire par rapport à l'enfant déplacé. Leur condition de vie connaît une précarité telle que leur santé, la vie sexuelle, la promiscuité et le manque en font réellement des enfants de seconde zone, sujets au Stress et au traumatisme d'après guerre (STAG). Parfois, comme il est ressorti des publications, deux générations de réfugiés se reproduisent dans ces conditions de vie si précaires au point que ces unions contractées, dans ces conditions, ne résistent pas à l'épreuve du temps. L'âge des époux a baissé à 13 ans pour la fille et à 14 ans pour le garçon, là où en conditions normales, les Rwandais se marient tardivement pour les Africains, soit entre 25 et 30 ans.

La question de la réinsertion des ex-combattants ou enfants-soldats démobilisés demeure préoccupante. Ce processus est capital et doit réussir car son échec revient à surseoir la guerre. L'expérience du Mali et de l'Angola l'ont prouvé: les forces peu satisfaites de l'issue de ce processus reprirent souvent les armes qu'elles n'ont pas remises lors de la démobilisation. Les études sur le Zimbabwe, le Mozambique et l'Angola donnent des indications précises sur la thérapie, les pratiques traditionnelles et les rituels de libération des enfants-soldats et d'autres ayant subi les traumatismes de guerre. Cette thérapie à laquelle les enfants et jeunes soldats sont soumis expriment d'abord leur situation de victimes autant qu'elle s'est montrée très satisfaisante puisqu'elle prend en charge le contexte et les valeurs culturelles du milieu. Par contre, des expériences du counselling à l'occidentale ont donné peu de satisfaction. Néanmoins, la réinsertion sociale des enfants-soldats demeure encore problématique: peut-on ramener dans leur propre famille les parricides et fratricides alors qu'ils sont rejetés par leurs parents et leur groupe social. Cette question est très peu étudiée au Liberia. Les problèmes psychologiques et le traumatisme de guerre ne se posent pas uniquement pour les ex-combattants, mais ils concernent parfois deux générations d'enfants: les adultes n'ayant pas vécu leur enfance comme au Mozambique et en Angola où la guerre a duré entre 15 et 40 années. Les ex-gendarmes katangais, partis jeunes en Angola, en 1965-1967, et qui ont attendu 32 années pour revenir au pays avec l'Alliance de Kabila se situent aussi dans le même cas. Des pratiques de placement des «enfants non accompagnés» au Mozambique indiquent aussi que cette innovation conceptuelle est liée à la pratique; elle permet de procurer et de reconstruire un «foyer» pour ces enfants-soldats et d'autres victimes de la guerre. Toutefois, cette activité vitale ne put se réaliser selon le plan du gouvernement, qui a été aussitôt placé sous des conditionnalités. En effet, le PAS qui a diminué les apports de l'État pour les besoins de santé, a aussi affecté les politiques de réinsertion durables du gouvernement, forçant par-là même, l'État à se rétracter de cette politique. Seules les ONG et les agences humanitaires ont continué cette tâche. Elles déploient, à nouveau, des pratiques de réinsertion à court terme et variées, reposant sur des modèles de développement désuets et voués à l'échec. Elles ont brisé le programme public d'insertion communautaire réaliste et uniforme des enfants au Mozambique (Kanji 1990:112).

La figure de l'enfant dans les violences urbaines

La violence urbaine est la seconde face de Janus-la-violence qui décoche ses flèches sur le continent africain. La violence urbaine a pris des proportions nouvelles et s'est aussi raffinée au fil des années, répondant aux conditions aussi changeantes de la société. Depuis la période coloniale, la violence urbaine était logée à l'enseigne de la délinquance, qui était réprimée, en Afrique de l'Ouest, avec des lois du siècle dernier jusqu'au début des années 1950. Cependant, elle a connu une nouvelle conceptualisation dès le «forum du Grand-Bassam» de 1985. Ce dernier, organisé par l'UNICEF, ENDA Tiers–Monde et le BICE, a été un suivi de l'éveil que l'Année internationale de l'enfance (1979) et le «Programme inter-ONG enfants et jeunes de la rue» de 1982 et des rencontres de Marseille (1983) et Bogota (1985) sous l'impulsion du BICE. C'est à cette rencontre que la question conceptuelle fut tranchée: une catégorisation des enfants en difficulté et leur définition ainsi qu'une nouvelle approche de l'aide à leur fournir ont été arrêtées. Les définitions juridiques et leurs connotations dévalorisantes furent abandonnées et remplacées par de nouvelles: *l'enfant dans la rue* est celui qui n'est pas en rupture avec sa famille et sa société; *l'enfant de la rue* l'est totalement, il vit dans et de la rue et *l'enfant sous contrôle* est celui qui est pris en charge par une institution d'aide à l'enfance. «Cette typologie reste de nos jours la plus opérationnelle», écrit Marguerat (1994:92).

Des trois catégories d'enfants, seul l'enfant de la rue et l'étudiant expérimentent dans la sphère publique, la violence au sens strict. Suite à l'échec de la construction de l'État-nation et des politiques développementalistes, des années 1960–1970, le PAS a pris leur relève. Trois facteurs que sont la paupérisation, la croissance démographie et la violence étatique, ont suscité une contre-violence des enfants et des jeunes. La violence qui traverse l'Afrique est avant tout structurelle; elle ne relève pas de la pathologie sociale. Au contraire, elle semble toujours présente dans la société et guide les conduites et actions des différents acteurs. Les études sur les enfants de la rue et la violence urbaine ont démontré que les villes africaines ne doivent point être massifiées car elles ne disposent pas d'une même culture ni ne se ressemblent. Chacune possède sa propre histoire qui la façonne: la violence à Lomé qui est une ville portuaire et commerçante du XIXe siècle et dotée d'une vieille bourgeoisie est totalement différente de la violence de Kano. Cette dernière étant aussi une ville séculaire et musulmane sert de terminus du transport trans-sahélien. Pourtant, les villes africaines développent toutes des types de violences qui peuvent être facilement rapprochés et regroupés en des rubriques plus englobant permettant leur analyse.

Les violences urbaines partent de l'exclusion symbolique à la violence physique. Beaucoup de facteurs sociaux et psychologiques motivent le départ de l'enfant pour la rue. Ce processus s'effectue progressivement ou brutalement selon le cas. Une fois que l'enfant a coupé les liens avec sa famille, il rejoint une bande cessant du coup d'être un(e) enfant dans la rue pour devenir l'enfant de la rue. Parmi les motifs avancés figurent le divorce des parents, l'abandon, la sorcellerie, le rejet par la famille élargie lorsqu'il s'agit d'un(e) migrant(e) rural(e), la migration due à la sécheresse ou à la guerre, le retour au pays des jeunes refoulés d'un pays voisin, etc. Les bandes des enfants et des jeunes sont un univers où la violence physique entre pairs est facilement combinée avec celle que mène un aîné pour le contrôle et la domination de la bande. Ce dernier, souvent un adulte âgé de 30 à 35 ans, force les enfants et les jeunes à voler, à lui remettre le fruit du larcin. Au sein du groupe et dans la rue, les plus jeunes sont abusés physiquement et sexuellement par les plus âgés. D'autres bandes considèrent que la violence, entre pairs et entre bandes, est la voie initiatique pour l'intégrer. Certaines survivent grâce aux liens qu'elles ont tissé avec les commerçantes qui font la navette entre Brazzaville et Kinshasa. Elles leur facilitent le passage frauduleux des marchandises car elles sont de connivence avec la police des douanes. Ces enfants de la rue occupent toujours un espace publique où ils passent la nuit. Les plus jeunes s'enfouissent dans le sable, dorment sous les ponts et tournent autour des places publics les plus éclairés, la nuit, pour éviter d'être violentés par les plus âgés ou de se faire arrêter par la police.

Les études sur les jeunes et la violence urbaine fournissent aussi la spécificité de certaines villes. Lagos surprend avec l'apparition et la présence de familles entières dans la rue, la culture de l'ambiance traverse toute la société Kinoise (de Kinshasa) comme le référent comportemental valorisé par les enfants défavorisés et dorés. Nairobi déploie un système de violence et rejoint Lagos, en ce sens que les enfants de rue forment des unions entre eux. Des options stratégiques soulignent l'inadéquation des réponses et initiatives actuelles; elles proposent des leviers d'action envisageables.

Le christianisme apparaît rarement comme élément ou facteur à l'origine de la violence urbaine, à l'exception de Madagascar au XIXe siècle où l'école et la mission des Plateaux mérina, étaient une porte pour l'armée et les corvées. Par contre, en pays Haoussa, l'islam, à travers la *jihad*, est considéré comme la religion des jeunes et la voie les conduisant au contrôle du pouvoir. Il autorise ainsi la remise en cause de la gérontocratie et ouvre la porte, à travers la violence, à l'expression des demandes des jeunes allant jusqu'à la contestation du pouvoir *gravitas*. L'étude de la violence à Kano indique combien l'islam veut monopoliser l'espace politique en recourant aux jeunes. Ce schéma, mais alors pacifique, serait celui qu'emprunte l'hégémonie mouride en construction au Sénégal. Toutefois, à Dakar et dans les villes secondaires, l'islam a donné une catégorie spécifique d'enfants de la rue que sont les *almajirai* et *taalibé* alors qu'à Kano, ces *almajirai* conduisent une guerre ethnique et religieuse contre les chrétiens. Dans ces violences, ils n'épargnent ni femmes ni enfants. Tandis que Nouakchott, outre l'esclavage, présente le danger et l'exploitation des enfants de la rue par des faux marabouts. L'armée de J. Garang et celle gouvernementale se saisissent des enfants de la rue qu'elles enrôlent leur offrant ce choix contre la vie en prison, qui est d'une dureté extrême. Ces institutions, à leur tour, sont des lieux où la violence des adultes est en permanence dirigée contre les petits. Au besoin, ces enfants-soldats, qui sont au départ kidnappés dans les rues et enfermés dans la prison, sont cédés aux armées rebelles de la région. J. Garang en remis une «grande partie» à l'Ethiopie de Mengistu affrontant les rebelles; il favorisa ainsi leur «exportation», telle une marchandise cédée, vers la mort dans un pays lointain et inconnu des victimes.

Le rapport entre «politique et violence urbaine» constitue un autre champ où le recul de l'État et son monopole de l'usage de la violence ont généré un processus en paliers, qui a permis la jonction entre les conflits armés et la violence urbaine. En effet, la mise en place des partis uniques et de la société hypermatérialiste et inégalitaire a généré une violence partisane conduite par les milices dans des affrontements sanglants, puis meurtriers avec des étudiants, des groupes de manifestants et des milices d'autres partis, dans la transition démocratique. La crise économique et la croissance rapide de la jeunesse constituant la majorité de la population nationale ont, de surcroît, suscité la crainte des dirigeants, qui ont failli à leur parole: la jeunesse qui était toujours présentée comme la priorité dans les discours est aujourd'hui banalisée et réduite à la mendicité et à la débrouillardise pour survivre. Elle a été jetée à la rue. Dès lors les jeunes, vivant dans une insécurité puisque la police ne peut plus protéger les biens et les citoyens, ont monté des milices de quartier, leurs propres groupes de justice populaire instantanée et expéditive. Ils s'organisent en groupes, de contestation politique à la manière de l'*intifada*. Ce créneau aboutit rapidement à la militarisation des jeunes, auxquels la culture de la violence diffusée par la mondialisation et son consumérisme, ouvrent les voies par les films et la télévision présentant des violences urbaines semblables de l'Occident, les préparant à la guerre et à une identité globale: des jeunes quittent leur pays pour se faire enrôler dans les armées de libération et d'autres factions en guerre dans la sous-région. Les Banyamulenge, des Tutsi de la République démocratique du Congo persécutés dans leur pays, rejoignent l'Armée patriotique rwandaise en Ouganda qu'ils aident à renverser le régime pro-hutu de J. Habyarimana en 1994 et, deux années plus tard, ils réclament, en pourboire, la libération du plateau de l'Utombwe au Kivu (Willame 1997). Les jeunes se muent ainsi en facteurs de la déstabilisation sous-régionale. Cette mercenarisation qui prend origine dans la violence d'État, devient une forme de valorisation pour les jeunes marginalisés.

Pistes à explorer

La littérature existante, du moins celle à laquelle nous avons eu accès, laisse profiler des pistes de recherche. La place des filles et la question du genre dans les études des enfants en situation de conflits armés et de violence urbaine sont rarement abordées. Les femmes qui constituent la majorité des réfugiés et des personnes déplacées possèdent chacune au moins quatre enfants (Magola 1991:7). Le nombre de filles qui est aussi élevé n'est jamais présenté. De plus, personne ne sait encore ce que font réellement les filles en temps de guerre. Outre le fait qu'elles sont aussi des victimes de la violence armée et physique, elles sont violées et sujettes à des atrocités violant leur intégrité physique. Lors du génocide au Rwanda, elles ont été aussi taxées de génocidaires. Des filles-soldats, miliciennes et partisanes sont à l'antipode des filles-soldats parties s'enrôler volontairement au sein de la SWAPO en Angola abandonnant l'école pour la lutte de libération (Turshen et Twagiramaria 1998). Dans les bandes des jeunes, elles participent à titre de complices et de membres à part entière des groupes comme les «yan Daba ou Area Boys», du Nigeria. Le statut des filles dans les bandes de *mooryaan*, les pillards somaliens reste encore flou. Etaient-elles traitées comme des «captives de guerre», appartiendraient-elles en majorité au clan Isaaq et auraient-elles été de nouvelles immigrantes à Mogadiscio pour s'être laissées faire, attestant ainsi par leur manque de combativité, leur ruralité? Toutefois, d'autres filles étaient liées aux bandes de garçons pilleurs et y ont joué des rôles.

La question des origines et des classes sociales est rarement abordée dans les études présentes. Comme la violence urbaine, la guerre n'ignore pas les classes sociales. Au contraire, les pauvres souffrent davantage en temps de guerre qu'en temps de paix. Les enfants des bourgeoisies urbaines et des classes dominantes s'adonnent aussi à la violence, à la drogue et aux abus qui sont considérés comme des éléments de la sous-culture de loisirs élaborée sur le modèle de l'Occident. A Kinshasa, Kongulu, le benjamin du premier lit de Mobutu, fut surnommé Sadam Hussein pour sa violence, son immoralité et sa cruauté. À Kano, la bande dite «Yan Daba» menant la violence urbaine est essentiellement composée d'enfants des politiciens, de la bourgeoisie et de l'aristocratie locale.

L'État en Afrique a abusé du monopole de la violence qui est, avec l'administration, l'attribut de l'État moderne, selon M. Weber. Cependant, des phénomènes sociaux et politiques nouveaux ont surgi sur le continent avec la conjonction des deux violences qui sont conduites par ces nouveaux acteurs. Une étude sur leur rôle dans la déstabilisation des sous-régions livrerait les méfaits de la culture de la violence et des indications précises sur le passage de la culture de la violence à sa pratique. Pareille étude qui rejoindrait par son approche celle de K. Peters et P. Richards, insisterait davantage sur l'analyse des récits de vie et l'usage des documents personnels des sujets (photographies, vidéo, etc.) pour restituer la vision *d'en-dedans* des acteurs. Tout en présentant l'enfant comme un réel acteur, elle livrera son propre discours et dévoilera son imaginaire dans la violence. Elle débouchera sur l'exportation de la violence au-delà des frontières nationales et mettra sur le tapis la problématique de l'exil non seulement sur le continent, mais aussi hors du continent. Beaucoup de jeunes cherchant l'asile comme réfugiés politiques en Occident ont émigré pour échapper aux conflits auxquels ils ont participé. Ces mouvements migratoires des combattants et des ex-combattants ne sont pas encore analysés en termes de trajectoires (migratoires et identitaires), des motivations de départ et des choix de pays d'asile. Une étude sur les jeunes réfugiés somaliens au Canada, décrit la complexité de cette pratique reliée à des dettes de guerre, à la culture transnationale et à la reproduction du stress chez ces derniers, une fois qu'ils ne parviennent pas à remplir les obligations envers la famille restée au pays. Cette condition de réfugié (de guerre ou politique) hors du continent devrait être aussi intégrée dans l'agenda d'études sur les jeunes en situation de conflit armé.

En cette fin de siècle, l'Afrique connaît une recrudescence des guerres. Il y a peu de temps, cette conflictualité était considérée comme une paix internationale négative caractérisée par une multitude de conflits intra-étatiques (ethnico-religieux, d'accès aux ressources, fonciers, etc.). Cette situation internationale est aujourd'hui galvaudée par la réalité des guerres ayant dressé un tableau des couloirs d'exportation, où les règles de la non-ingérence et de l'intangibilité des frontières ne sont plus respectées. Les acteurs nouveaux qui révolutionnent les pouvoirs et bousculent les normes internationales sont devenus des parricides des «Pères de la Nation» et mettent en place de nouvelles nations à partir des idéologies d'intégration régionale et de libéralisation du marché régional pour mieux faire face à la mondialisation. Une étude de la participation des jeunes dans ce processus mérite une attention particulière à l'heure où l'Afrique du Sud lance la politique de la Renaissance africaine alors que les «jeunes» généraux et colonels, de l'Erythrée à Kigali, lancent celle de l'intégration sous-régionale à base économique reposant sur le panafricanisme. Or, cette intégration ne se fera qu'avec la jeunesse qui constituera la majorité de la population africaine en l'an 2015. Dès lors, les différentes formes de violence, y compris la violence structurelle, la violence religieuse, ethnique, etc., méritent des analyses particulières puisqu'elles se sont révélées aussi partisanes et exportables. Cette étude ouvrira la voie à la paix effective qui n'est pas absence de guerre et présence de désordre.

La lecture comparée des violences urbaines indique que la culture du pillage s'est installée en Afrique. Dans la Corne du continent, les *mooryaan* Somaliens, les *shifta* éthiopiens (Berhanou 1998:183-188) possèdent déjà une culture du pillage qui est inscrite dans leur histoire. Cependant qu'en Afrique centrale et occidentale, cette pratique est récente. Elle a été utilisée comme tactique de combat lorsque le nationalisme militant au Congo-Kinshasa de 1960, voulut mettre fin au colonialisme. Dans les villes du Sénégal et de la Mauritanie, les pillages sont menés en 1989 au cours des violences xénophobes, consécutives aux questions foncières et religieuses étroitement liées à celles socio-économiques et à l'échec d'application des plans de développement pourtant judicieux (Biaya 1998). Les violences de la démocratisation imposent cette pratique à Kinshasa en 1991 et 1993 et à Brazzaville en 1997. On pourrait remonter historiquement cette pratique à la période du commerce de traite pré-colonial. En vérité moins qu'une conjecture et qu'un exercice intellectuel vain, c'est la violence urbaine née de la crise de l'urbanité, de la crise de l'État post-colonial et des politiques économiques désastreuses, associées au contexte de la guerre qui a poussé les jeunes à innover sur ce mode de violence. À Brazzaville comme à Mogadiscio, les milices et les bandes armées s'organisent pour mener de nouvelles formes de violence et leur contrôle. Nous n'assistons pas nécessairement à des «conflits irréalistes», c'est-à-dire à un recours à la violence pour elle-même et sans poursuivre un but; mais cette situation est formée de mille et une procédures d'identification qui permettent aux combattants soit de différer les confrontations, soit de marquer leur propre urbanité ou encore de prendre la liberté face aux leaders politiques. N'est-ce point la chute des dictateurs qui prend à contretemps les capacités des jeunes à définir de nouveaux codes culturels qui les éloignent considérablement de l'hybridité du traditionnel et du moderne, d'une part, et de l'autre, elles démontrent cette incapacité des leaders nouvellement arrivés au pouvoir, à instaurer rapidement un ordre nouveau et à donner une réversibilité à ces pratiques, qui ouvrent l'ère actuelle à l'anthropologie de la violence. Une lecture de la violence comme «une question d'analyse»—*an analytical problem*—(Jegenathan 1998) devrait être entreprise pour comprendre cette séquence événementielle et sa «sous-culture» des jeunes s'implantant en Afrique. Et dans une perspective comparative, ces villes, à l'instar de Mexico, Bogota ou Manille, deviennent des métropoles de la violence dirigée contre une catégorie sociale: l'enfant.

Des études comparatives des enfants en situation de conflits armés et de violence urbaine dans le monde décloisonneront les études sur l'Afrique pour donner une dimension de l'universalité des phénomènes à l'étude. Elles indiqueraient aussi combien ce continent est affecté par ce fléau et lui restituera sa place dans le contexte mondial. Les guerres d'Europe centrale et d'Asie du Sud-Est ont certes recouru aux enfants-soldats et ont aussi causé le stress, le traumatisme et des problèmes psychologiques aux enfants. L'approche comparative aiderait à mieux ressortir les bénéfices que la culture et la psychothérapie africaines peuvent partager avec le reste du monde. En retour, des statistiques mieux élaborées constitueront une base fiable pour négocier, dans l'équité, une aide accrue et juste auprès de la communauté internationale qui s'est retirée de l'Afrique avec la fin de la guerre froide. Un coup d'œil sur l'aide apportée au Kosovo cette année indique combien les enfants du Rwanda, souffrant du même mal, ont été abandonnés, ignorés et voués aux portes de la mort par la même communauté internationale cinq années plutôt alors que l'alerte précoce du génocide était positive et détectée.

La pratique de la démobilisation et de la réinsertion des ex-combattants pose beaucoup de problèmes en Afrique tant du point de vue des mécanismes, des méthodes et des formes diversement utilisés (d'après les accords de paix) que du point de vue matériel ou de son application. A ce titre, la démobilisation conduite au Mozambique est totalement différente de celles conduites au Mali ou au Liberia selon les «paquets» de démobilisation, les sommes investies dans le processus, le suivi de cette démobilisation et de la réinsertion réussie des ex-combattants dans leur société respective. Une étude comparative des expériences africaines soulignerait les ressemblances et autoriserait la capitalisation des expériences réussies qui, en retour, épargnera ainsi aux pays en détresse d'expérimenter les mêmes déboires. Ces derniers feraient bon usage des capitaux, souvent empruntés ou demandés sur le marché mondial, en recourant aux pratiques de réinsertion efficaces, les moins coûteuses en coûts humain, financier et matériel, mais qui permettraient, en retour, un gain de temps et des finances. Car, en matière d'expérience humaine, les erreurs ne sont pas permises car elles ne se réparent jamais.

Bibliographie sélective

Abebe, B., 1998, *Histoire de l'Ethiopie d'Axoum à la révolution,* Addis Ababa, CEEE- Maisonneuve & Larose.

Biaya, T.K., 1998, Acteurs et médiations dans la résolution et la prévention des conflits en Afrique de l'Ouest, The Hague, The Netherlands Institute of International Relations.

Biaya, T.K., 1999, La tragédie rwandaise, Des Accords d'Arusha à la chute de Kigali, Août 1993–Juillet 1994, De la prévention, gestion et résolution du conflit et du génocide au Rwanda, Addis Abeba, IPEP/OAU.

Biaya, T.K., 2000, Les jeunes, la culture de la rue et la violence à Kinshasa. Entendre, décrire et comprendre, Série Nouvelles pistes, Dakar, CODESRIA.

El-Kenz, A., 1995, «Les jeunes et la violence: 87-109», in S. ellis (ed.) *L'Afrique maintenant*, Paris, Karthala.

Ennew, J., 1998, «Shame and Physical Pain: Cultural Relativity, Children, Torture and Punishment:7-34», in Ashgate, G. Van Bueren (ed.), *Childhood Abused, Protecting Children Against Torture, Cruel, Inhuman and Degrading Treatment and Punishment*, Dortmouth.

Honwana, A., 1999, «Negotiating Post-War Identities: Child Soldiers in Mozambique and Angola», in *CODESRIA Bulletin*, 1-2, pp. 3-13.

Jeganathan, P., 1998, «Violence as an Analytical Problem: Sri Lankanist Anthropology after July 83», in *Nethra, A Non-specialist Journal for Lively Minds*, Vol. 2,4, pp. 7-47.

Kanji, N., 1990, «War and Children in Mozambique: Is International Aid Strengthening or Eroding Community-based Policies?», in *Community Development Journal*, Vol. 25,2, pp. 101-112.

Kaplan, R.D., 1993, *Balkan Ghosts: A Journey Through History*, London, Macmillan.

Kaplan, R.D., 1994, «The Coming Anarchy: How Scarcity, Crime, Overpopulation, and Desease are Rapidly Destroying the Social Fabric of our Planet», in *Atlantic Monthly*, February, 44-76.

Magola, C., 1991, «The Sad Plight of Refugee Children», in *Sauti ya Siti*,13, April-June, pp. 7-9.

Mbembe, A., 1999, *Du gouvernement privé indirect*, Série État de la littérature, Dakar, CODESRIA.

Marchall, R., 1993, «Les mooryaan de Mogadiscio. Formes de la violence dans un espace urbain en guerre», in *Cahiers d'études africaines*, Vol. XXXIII, 2, pp. 295-320.

Marguerat, Y. et Poitou, D. (eds.), 1994, *A l'écoute des enfants de la rue en Afrique noire*, Paris, Fayard.

Prunier, G., 1998, *The Rwanda Crisis: History of a Genocide*, London, Hurst & Company.

Richards, P., 1996, Fighting for the Rain Forest. War, Youth and Resources in Sierra Leone, Oxford, James Currey.

Turshen, M. and Twagiramaria, C., 1998, *What Women Do in Wartime. Gender and Conflict in Africa*, London, Zed books Ltd.

Williams J.L., 1997, «Banyarwanda et Banyamulenge. Violence ethniques et gestion de l'identitaire au Kivu», in *Cahiers africains*, n°25.

Enfants en situation de conflit armé

Bibliographie annotée

Ayissi, A.N., 1995, «Les anges de la mort: la tragédie des enfants-soldats en Afrique», Dakar, CODESRIA, juin-juillet, 18p.

Communication à la Conférence «Crises, conflits et mutations: réactions et perspectives africaines: huitième Assemblée générale».

L'auteur décrit la tragédie des enfants-soldats en Afrique. Il part des principes d'une enfance créditée de quatre caractéristiques: l'enfant est innocent, inoffensif, vulnérable et est espérance—le futur. En Afrique, il prend en plus le sens de «don de Dieu», d'ange. Après avoir présenté les statistiques des enfants-soldats au Liberia, il évoque la situation présente des adultes, anciens enfants-soldats du Mozambique, qui sont «des garçons perdus». Cette pratique va à l'encontre de la morale et du droit. À ce dernier titre, il évoque les conventions de Genève (1949), celle des Nations-Unies sur les Droits de l'enfant et la Charte de l'OUA des droits de l'enfant. Analysant le cas libérian, outre les atrocités (chair à canon, éclaircir les champs de mines) auxquels ils sont soumis, les raisons de leur enrôlement (survie, protection, vengeance et patriotisme) sont peu crédibles et sont le dernier ressort d'un conditionnement idéologique dans les camps d'entraînement plutôt que l'expression de leurs motivations profondes. Il décrit aussi leur condition de survie dans la guérilla (consommation des drogues, alcool, initiation, abus sexuels, etc.). Parfois, ils sont «prêtés» à l'armée des pays voisins tel J. Garang qui céda ses «small boys» à Mengistu pour combattre les rebelles éthiopiens. Il propose la fin de la guerre et la réinsertion contrôlée comme voie de sortie pour cette enfance violentée, soumise aux atrocités et à la mort.

Barton T., Wamai G., 1994, *Equity and Vulnerability: A Situation Analysis of Women, Adolescents and Children in Uganda,* Kampala, Uganda National Council for Children, vii-241p., fig. photos, tab.

Après la guerre de libération conduite par Y. Museveni et son ARN (AV), un premier rapport et programme sur la situation des mères et enfants a été réalisé. Celui-ci vise à évaluer tout changement intervenu depuis l'analyse précédente; il décrit aussi les conséquences des efforts majeurs réalisés dans la réinsertion qui a pris place durant la période intérimaire. Ce rapport couvre tous les secteurs vitaux, de santé et nutrition, autant que ceux de l'économie, du transport et communication ainsi que le développement et la sécurité.

Bazengissa-Ganga R., 1998, «Les milices politiques dans les affrontements», in *Afrique contemporaine*, n°186, avril-juin, pp. 46-57.

Depuis la transition, le rôle joué par la jeunesse dans les violences à Brazzaville est devenu clair: cette participation a donné naissance aux milices armées, qui se sont converties en combattants des différentes forces politiques. Aux violences de 1963 ont succédé celles de 1997. Le pacte de paix de 1995 qui prévoyait que les milices seraient dissoutes et démobilisées alors qu'une partie seraient intégrée dans la police et la gendarmerie, n'a pas été respecté. Durant les affrontements de 1997, cinq milices sont apparues et s'affrontent. Leur comportement a été celui des jeunes sans repères autres qu'ethniques ou ethno-régionaux. Ces jeunes sont préoccupés de récupérer une partie des richesses nationales qui leur étaient naguère inaccessibles autant qu'ils exhibent, à la fois, une nouvelle identité post-coloniale et inventée à partir de leurs conditions sociologiques d'exclus de la «post-colonie».

Bazenguissa-Ganga, R., 1998, «Au cœur de la violence», in *Cahiers d'études africaines*, 150-152, XXXVIII, Congo-Brazzaville, n°2-4, pp. 619-625.

Le texte est le résultat des enquêtes que l'auteur a menées en 1997, lors de la guerre du Congo, opposant les différentes milices des partis politiques dits de l'opposition et de la mouvance présidentielle et les forces de l'ordre. Il décrit la position de victime dans un dispositif particulier: le bouchon. Ce dernier n'est autre que le barrage qui devient le lieu où la violence s'érige en mode de gestion de la vie humaine. La violence n'est plus simplement un corps à corps; mais elle se déploie comme un ensemble d'actes qui sont montés et réglés à partir d'une série d'oppositions binaires: gens de terre/gens de pouvoir, dedans/dehors, autochtone/étranger, homme/femme.

Birmingham, D., 1992, «Youth and War in Angola», in H. d'Almeida-Topor, O. Goerg, C. Coquery-Vidrovitch et F. Guitart (eds.), *Les Jeunes en Afrique. Evolution et rôle (XIXe–XXe siècles*, t.2, L'Harmattan, Paris, pp. 259-266.

L'auteur contextualise la participation des jeunes Angolais aux luttes d'indépendance et à la guerre civile ayant débuté avec l'indépendance de 1974. Durant ces deux formes de guerre, les jeunes sont recrutés pour participer aux efforts de combattre le colonialiste portugais ayant décimé la vieille génération ayant lancé la lutte en 1961. Dans la seconde forme, le gouvernement a imposé un service militaire qui n'en finit pas. Toutes les trois factions MPLA, UNITA et FNLA recrutent des jeunes. Par contre, les jeunes ont développé des stratégies de résistance en camouflant le mouvement maoïste sous les équipes de football.

Dans les zones contrôlées par le MPLA, ils sont persécutés, arrêtés et envoyés dans les plantations comme travailleurs. A la guerre, des jeunes militaires passent leur temps à lire des romans et à rêver de devenir des héros. Cependant, de nouvelles identités se mettent en place où le football et le service militaire font un lien entre les ethnies et répandent la langue portugaise comme base d'un nationalisme futur.

De Smet, J., 1998, «Child Marriages in Rwanda Refugee Camps», in *Africa*, Vol. 68, n°2, pp. 211-237.

L'auteur, médecin anthropologue de MSF de Hollande, a servi dans les camps de réfugiés rwandais de Benaco, Msuhura, Lumasi et Lukole dans le Ngara, en Tanzanie, de mai 1994 à mai 1995. Durant ses recherches d'anthropologie médicale, il a été frappé par le mariage précoce des adolescents. En effet, contrairement à la culture rwandaise en temps de paix au pays, les filles se marient à 13 ans et l'âge de l'union pour les garçons tomba aussi de 25-30 ans à 14 ans. Ces mariages de courte durée, finissaient par un divorce unilatéral: l'époux répudiait l'épouse. L'objectif principal de l'étude est de montrer les effets néfastes de la guerre et de la pauvreté combinées, ayant détruit les structures sociales, changé radicalement les valeurs sociales et les comportements. L'auteur conforte son approche et son étude en poursuivant ses sujets au pays, où il prolonge son observation (1996–1997). Ces études de cas sont précédées d'une présentation des coutumes du Rwanda et de la situation dans les camps des réfugiés.

Boothby, Neil, Upton, Peter, Sultan, Abubacar, 1991, *Children of Mozambique: The Cost of Survival*, US Committee for Refugees.

A report based on interviews carried out between June 1989 and March 1990 with 504 children from war-affected areas of Mozambique. All the children had first-hand experiences of the war and were asked to describe these experiences in detail. Parents, teachers and caretakers of 105 of the children were also interviewed about the children's current mental health and behaviour.

Boyden. J., 1994, «Childrens Experience of Conflict Related Emergencies - Some Implications for Relief», *Disasters, Policy and Practice*, Vol. 18, n°3, pp. 254-267.

This paper challenges the limited models of childhood, conflict and relief which determine most humanitarian interventions targeting children in conflict related emergencies. In particular, it notes the tendency of relief programmes to focus on «spectacular» groups of children (orphans, child combatants and refugees) at the expense of larger child populations indirectly affected by conflict. This relief bias is attributed to an inappropriate 'apocalypse model' of conflict which sees relief interventions only as repair. The bias also lies in a mistakenly universalist model of childhood and a medical paradigm which pathologises children's experience in conflict and characterises children as passive victims rather than active survivors. The paper argues for greater recognition of the wider social experience of children in conflict, and for relief practice which takes account of childhood resilience and children's different roles and capacities in coping with conflict. Appropriate interventions must engage with the wide variety of indigenous coping mechanisms involving children and not simply replicate a standard package of relief interventions in every emergency, based on simplistic and universalist interpretations of children's experience of conflict.

Cliff, J.; Noormahomed A.R., 1993, 'The Impact of War on Childrens Health in Mozambique', *Social Science and Medicine*, Vol. 36, n°7, pp. 843-848.

Since 1982, South African destabilisation of Mozambique has caused children's health to deteriorate. Destabilisation has functioned through support of a surrogate movement and economic pressure. Attacks on economic and civilian targets have included the health services, leading to closure of 48% of the primary health care network. The war has caused displacement of over 3,000,000 persons and an estimated 494,000 excess childhood deaths between 1981 and 1988. An estimated 200,000 children have been separated from their families or orphaned; many children have also witnessed atrocities and suffered violence. A deepening economic crisis has been followed by an economic structural adjustment programme. Responses to the war include changes in vaccination strategy and programmes to reunite families and heal psychological trauma.

Elbedour S.; Tenbensel, R; Bastien, D.T., 1993, «Ecological Integrated Model of Children of War And Social Psychology», in *Child Abuse and Neglect*, Vol. 17, n°6, pp. 805-819.

The psychological trauma associated with war is a topic that has occupied the attention of mental health researchers and practitioners for some time. Most of their attention, though, has focused on the traumatic stress of soldiers, and little attention has been paid to the problems and traumatisation of civilians caught in war zones, especially the children. In this paper, the limited research on children of war is reviewed, and themes are extracted. Children suffer from both acute and chronic traumatic stress. The key to determining the amount of suffering has to do with the dynamic interaction among five processes within an ecological framework: the child's psychobiological makeup, the disruption of the family unit, the breakdown of community, and the ameliorating effects of culture. The intensity, suddenness and duration of the war-like experience itself constitute an additional component to this ecological model. In the final section, psychotherapeutic guidelines to help children cope with symptoms associated with war are presented for current and future caregivers. The prevention of war should be the primary task of all.

Dodge, C. and M. Raundalen (eds.), 1987, *War, Violence, and Children in Uganda*, Norwegian University Press, Oslo, 159 p., illustrations, cartes, tableaux.

Ce livre qui veut attirer l'attention sur la condition critique des enfants d'Afrique vivant dans les situations de guerre, recourt à l'exemple ougandais. Pendant près de 20 années, la violence et les malheurs ont frappé l'Ouganda. Entre 1979 et 1985, la dictature d'Idi Amin Dada aurait tué près de 500 000 personnes. Il révèle les conditions difficiles et aussi le fait que ces enfants vivent différents niveaux de traumatisme sévère. Il contient aussi une histoire de la guerre en Ouganda, une revue de la littérature sur l'enfance et le stress. Il inclut aussi une recherche sur le dilemme que connaissent les parents et une évaluation du stress chez les sujets. Le livre vise aussi à illustrer combien l'histoire de la violence récente de ce pays a affecté les enfants. Dans la conclusion, R. Owor et J.W. Harlsworth Andama affirment que jusqu'ici, il n'existe pas d'ethos de revanche parmi les enfants en Ouganda. Par contre, ils tendent à accepter la victimisation. Une «ordonnance» de reconstitution utile pour ce pays est aussi fournie.

Dodge, C. and M. Raundalen, 1991, *Reaching Children in War: Sudan, Angola and Mozambique*, Sigma Forlag, Uppsala, 146 p.

Il inclut aussi La Déclaration de la Convention sur les droits de l'enfant.

Ce livre décrit les rôles des enfants dans la guerre, leur activisme, leurs tentatives d'échapper à la guerre, et les implications de ces actions en vue d'une intervention en faveur et pour les droits des enfants. Le livre a été mis en place—une compilation—dans le contexte de la guerre se déroulant en Afrique centrale. Son idée principale est de souligner les conditions critiques des enfants en vue de préparer des interventions.

The Education Secretariat, 1992, «The Liberian Civil War through the Eyes of Children», The Education Secretariat, Catholic Archidiocese of Monrovia, iv-104p, illustrations.

La guerre éclata au Liberia en décembre 1989 entre les forces du National Patriotic Front of Liberia (NPFL) et les Armed Forces of Liberia (AFL). Les deux factions ont commis des atrocités, causèrent la mort et les maladies, la faim et le déplacement des populations. Ce livre est une sélection de dessins d'enfants d'écoles primaires et secondaires essayant de restituer par le dessin cette tragédie humaine entre 1991–1992, pour un projet conjoint de l'Église catholique et de l'UNICEF. Les 92 dessins qui ont été retenus sur les 400 présentés, retracent, à travers les yeux des enfants, l'horreur et la déshumanisation de la guerre. Ces dessins rassemblés par thème, constituent cinq chapitres qui sont les tueries, le combat, la faim, les scènes de guerre et la paix. Le livre comprend aussi un guide de discussion en consultation pour les enseignants et des éléments pour un enseignement qui y est relatif.

El Hadi El Nagar, S., 1991, «Children and War in the Horn of Africa», Institute of Social Studies, The Hague, 15p., Communication présentée à la conférence «Beyond the Conflict: Workshop on the Prospects for Peace, Recovery and Development in the Horn of Africa», organisé par The Institute of Social Studies, février 1991, La Haye.

Suite à la guerre, des millions d'enfants de la Corne de l'Afrique ont vécu l'expérience de la violence, de la maladie, de la torture, de l'exploitation, de la séparation avec leurs parents, de la faim et même celle de la mort. L'auteur distingue les enfants déplacés, des réfugiés tels des Ethiopiens au Soudan, des Soudanais en Ethiopie, des Somaliens en Ethiopie et au Djibouti) et des enfants vivant dans les zones de guerre, donc restés sur place. L'auteur décrit aussi l'état de l'aide qui leur est apportée en matière de santé et d'éducation, autant qu'il souligne les effets négatifs de la guerre: les problèmes psychologiques et l'infirmité (physique). Il termine en discutant les politiques gouvernementales et le rôle des ONG humanitaires dans la région.

Ensink K., Robertson B.A., Zissis C., Leger P., 1997, «Post-traumatic Stress Disorder in Children Exposed to Violence», in *South African Medical Journal*, Vol. 87, n°11, pp. 1526-1530.

To investigate to what extent local children exposed to community violence develop post-traumatic stress disorder (PTSD), whether the symptom profile is typical or atypical, and how detection can be improved. Design. A cross-sectional study of two samples of children with a high risk of past exposure to violence, Setting and subjects, Sixty Xhosa-speaking children aged 10–16 years; 30 from the Children's Home which serves Khayelitsha, and 30 from a school in a violent area of Khayelitsha. Outcome measures. A shortened version of the Survey of Exposure to Community Violence (SECV) was administered to determine exposure to violence. Structured questionnaires and a clinical assessment were used to elicit symptoms and make psychiatric diagnoses. Results. All 60 children reported exposure to indirect violence, 57 (95%) had witnessed violence, and 34 (56%) had experienced violence themselves, Twenty-four (40%) met the criteria for one or more DSM- III-R diagnoses and 13 (21.7%) met the criteria for PTSD. Conclusions. Community violence places children at a high risk of developing serious psychiatric disorders and many children develop PTSD, None of the children in the school sample had received intervention prior to the study pointing towards an urgent need for increased community and professional awareness of children at risk.

Englund, H., 1998, «Death, Trauma and Ritual: Mozambican Refugees in Malawi», in *Social Science and Medicine*, Vol. 46, n°9, pp. 1165-1174.

For many non-governmental organisations, the treatment of war trauma among refugees has become a key issue in humanitarian assistance. There is, however, as yet little independent evaluation of the notions and therapeutic practices which inform humanitarian interventions in refugees' mental health. By drawing on intensive anthropological fieldwork, the paper problematises two central issues in these interventions: the role of past experiences in refugees' present well-being, on the one hand, and the need to verbalize trauma in a therapy, on the other. An alternative approach to refugees' mental health draws on current theoretical insights into non-discursive bodily practices. The paper substantiates these insights by focusing on the therapeutic salience of funerals and spirit exorcism among Mozambican refugees in Malawi. By exorcizing the vengeful spirits of those who had died during the war, refugees were also healing their war traumas. It was not so much the loss as the difficulty in observing a full range of rituals that characterised refugees' predicament. The paper concludes by suggesting ways in which humanitarian assistance could utilise these insights.

Errante, A., 1997, «Close to Home: Comparative Perspectives on Childhood and Community Violence», in *American Journal of Education*, Vol. 105, n°4, pp. 355-400.

This study examines the ways in which community violence affects children, their families, and communities. An understanding of these dynamics will be shown to be critical to the development of effective learning environments, as schools and teachers can mitigate the effects of community violence on children. Drawing on the research conducted in Southern Africa, Northern Ireland, the Middle East, and the United States, this article (1) reviews the literature regarding the effects of chronic community violence on children, (2) highlights recurring themes, and (3) discusses implications of this research for school and community intervention in the United States.

«Childhood», *A Global Journal of Child Research*, 1996, Vol. 3, n°3, pp. 415-421.

The article is an overview of essential issues of children's development living under the conditions of war. The concept of 'child victims' is discussed. 'Victims' include not only killed and wounded children, but also many kinds of child survivors suffering from psychosocial distress. 'Victims' include, furthermore, child and adolescent soldiers exposed to militaristic socialisation characterised by the unlearning of humaneness. In the work for prevention of war and organised violence, the concept of 'peace' should not be reduced to mean the absence of armed struggle and person-to-person violence. It should be expanded, as in modern peace research, to include also structural (societal) and cultural (e.g. mass media) violence. War and organised violence not only produce accumulation of atrocities and victims but also involve the mobilisation of counter-movements and dissidents governed by the principles of care, love, sacrifice and solidarity.

Fair, D., 1995, «War and Africa's Children», in *Africa Insight*, Vol. 25, t.4, pp. 212-215, photographies.

L'auteur souligne les efforts récents de la communauté internationale de s'attaquer au problème des enfants touchés par la guerre et la violence en Afrique sub-saharienne. L'impact physique et psychologique de la guerre sur les enfants est brièvement décrit autant que les tentatives de les aider et de les réinsérer dans la société.

Garabino, J., K. Kostelny and N. Dubrow, 1991, *No Place To Be A Child: Growing Up in A War Zone*, Lexington Books, Mass, 179 pp.,+ index.

Ce livre part de trois thèses: (i) ce sont les femmes et les enfants qui souffrent le plus durant la guerre, particulièrement lorsque la violence est dirigée contre les populations civiles, (ii) les enfants ne sont point des adultes en miniature, dès lors, ils doivent être nourris; (iii) l'enfance est une des meilleures réalisations de la période moderne (pp. 9-10). A partir de ces présupposés, les auteurs analysent ce qu'est vivre opposé à mourir dans la zone de guerre. Ce livre basé sur l'expérience des quatre pays que sont le Cambodge, le Mozambique, le Nicaragua et la Palestine, constituant à la fois différents chapitres, donne aussi les conséquences de la guerre sur les enfants, soulignant aussi ses méfaits: la destruction des liens sociaux. Il décrit aussi les stratégies de survie. En conclusion, le livre soutient que les conséquences les plus néfastes ne sont pas uniquement les dommages physiques et psychologiques mais la destruction sociale en termes

interruption des deux, soit les infrastructures de base et les relations
ociales. Une autre leçon est que «les classes sociales ne prennent pas de
acances dans les zones de guerre. La guerre frappe durement les plus
auvres» (p.151).

ondola Ebonga, D., 1992, «Ch. Ata ndele... et l'indépendance vint: musique,
    jeune et contestation politique dans les capitales congolaises», in H.
    d'Almeida-Topor, O. Goerg, C. Coquery-Vidrovitch et F. Guitart (eds). *Les
    jeunes en Afrique. Evolution et rôle (XIXe-XXe siècles*, t.2, Paris,
    L'Harmattan, pp. 463-487, illustrations.

ès 1930 et surtout après la Seconde Guerre, l'explosion démographique
·baine de Brazzaville et Kinshasa ne peut s'expliquer par les uniques
otivations économiques: ces villes sont devenues des cités de résidence. Les
ouvements associatifs sont contrôlés par l'administration et les missions
ésireuses de former une élite docile. L'apparition de la musique moderne
ur cet espace porte la volonté des jeunes de s'émanciper de la tutelle
oloniale (municipale et missionnaire) et ils y réussissent en brisant
idéologie loyaliste et les loisirs sportifs et de plein air. Leur politisation est
éhiculée dans le message chanté et dansé. La musique finit par instaurer
n climat d'indiscipline et de contestation de l'ordre colonial tout en
ssurant l'«ambiance». Le bar devient cet espace de production d'un
iscours politique et voit naître les partis politiques en son sein. Il est aussi
·éféré à la rue qui demeure anonyme.

ayes, P. *et al.*, 1992, *Children of History*, Academic Books, Harare, 91p.,
    photos, cartes.

e livre illustre le rôle joué par les enfants dans la guerre de libération du
imbabwe. Cette histoire comprend deux grandes parties: la mise en place
u milieu des années 1960 de la guérilla, qui enrôle les jeunes afin de les
ntraîner à la guerre de libération. Durant la mi-70, des milliers de jeunes
lèves rejoignent les forces qui s'entraînent en Zambie et au Mozambique.
e livre repose sur des récits de ces jeunes relatant les motifs de leur départ,
eurs espoirs et aspirations. Il décrit aussi leur vie dans les camps
'entraînement dans les deux pays et leur retour au pays après 1979.
outefois, il n'oublie pas les enfants et jeunes restés au pays.

Honwana, A., 1999, «Negotiating Post-War Identities: Child Soldiers in Mozambique and Angola», in *CODESRIA Bulletin*, nos. 1 & 2, Dakar, CODESRIA.

L'étude examine la question des enfants-soldats dans les conflits post-coloniaux au Mozambique et en Angola, dans le contexte de crise politique et de compétition pour l'accès au pouvoir. Si le recrutement forcé est la méthode prévalente, l'intégration volontaire n'est pas rare. La guerre prend la forme de l'initiation à la violence et la figure de la terreur pour ces enfants qui, au sein de l'UNITA ou de la RENAMO, sont non seulement transformés en tueurs mais aussi parricides autant qu'ils sont les premières victimes de la violence dans l'armée. Ils connaissent le traumatisme et expérimentent aussi la privation psychologique. Au sortir de la guerre, ces jeunes gens sont soumis à des rituels de guérison traditionnels en guise de réconciliation et de thérapie. L'étude innove en mettant l'accent sur la spécificité de l'expérience africaine, de sa thérapie collective et sa démarche qui sont différentes, voire opposées à celles des sociétés occidentales. L'auteur débute son étude en présentant l'universalité du phénomène enfant-soldat et sa profondeur historique; elle présente aussi l'enfance comme une construction sociale avant de définir l'enfant-soldat.

Human Rights Watch Africa, 1994, *Easy Prey: Child Soldiers in Liberia*, Human Rights Watch, New York, 80pp., annex.

La guerre du Liberia, qui a débuté en 1989, a entraîné, dans sa furie et dans sa réalisation, des enfants. Cette participation est sévèrement condamnée comme une violation des droits de l'enfant par la convention internationale et la Charte africaine. Ces derniers y ont participé à différents titres. Beaucoup d'enfants y ont participé en tuant, estropiant les populations civiles et violant femmes et filles. La plupart d'entre eux ont aussi péri. Ce livre rend compte de ces cruautés souvent dans les récits livrés par des survivants. Les recrues volontaires sont aussi nombreuses que celles recrutées mais elles ont été attirées par des raisons matérielles (faim), la vengeance de la perte des parents, etc. Recrutés ou forcés d'intégrer l'armée, ces enfants sont soumis à un traitement qui leur dénie l'enfance: épreuve de crime, rituel traditionnel de courage, torture, parricide, qui ont causé chez eux des problèmes psychologiques et de santé. Après la guerre, leur réintégration dans la famille et la communauté pose des problèmes. Certains ont été rejetés par leur famille; d'autres sont des orphelins. Le livre s'achève sur des conclusions et des recommandations, après avoir présenté brièvement la loi internationale sur les enfants-soldats. La convention sur les droits de l'enfant figure en annexe.

Human Rights Watch Africa, 1995, *Children in Sudan: Slaves, Street Children and Child Soldiers*, Human Rights Watch, New York, x-111p.

La guerre au Soudan a repris avec le coup d'État de 1989 amenant au pouvoir le Front national islamique (NIF), un parti islamique militant, qui a continué à combattre les rebelles du sud répartis en deux factions: le Mouvement de libération du peuple du Soudan SPLM/A et le Mouvement pour l'indépendance du Soudan méridional (SSIM/A). Cette guerre sainte pour les islamistes couvre une violation des droits de l'enfant à divers niveaux: les enfants de la rue et ceux qui ne le sont point sont enlevés et détenus dans des camps. D'autres sont reconvertis en esclaves ou affectés aux travaux dans le Nord; ils reçoivent des noms musulmans—prosélytisme. Certains sont enrôlés de force dans l'armée en échange de sortir des camps. Toutefois, le gouvernement nie toutes ces accusations. Le recrutement forcé des enfants-soldats est aussi de rigueur au sein du SPLA de J. Garang alors que le SSIA, de R. Machar, par sa collaboration avec les agences humanitaires tend à prouver son respect pour les droits de l'enfant. L'étude se termine sur des recommandations faites aux différents acteurs: gouvernement, factions rebelles, organisations des Nations-Unies, les États-Unis, l'Union européenne et d'autres pays concernés.

Hunt, S., 1991, *The Situation Analysis of Children and Women in Angola*. University of Oxford, International Development Centre, Foods Studies Group, Oxford, + figures, graphiques, cartes, tableaux.

Préparé pour UNICEF Angola, ce document s'il décrit, analyse et donne les causes de la pauvreté en Angola, affectant les enfants et les femmes, deux catégories sociales vulnérables, c'est plutôt aux chapitres 3, 4 et 5 que l'auteur examine les causes structurelles de la pauvreté indiquant la colonisation, *la guerre*, la récession économique et le programme d'ajustement structurel (PAS). Toutefois, ce dernier facteur est intervenu depuis 1988. Le document s'achève sur des recommandations.

Kanji, N., 1990, «War and Children in Mozambique: Is International Aid Strengthening or Eroding Community-based Policies?» in *Community Development Journal*, Vol. 25, n°2, pp. 101-112.

L'auteur rend compte de l'ineffectivité des pratiques et méthodes d'approches qui ont pris le dessus sur l'approche gouvernementale, ruinée par la PAS. En effet, après l'indépendance, le Mozambique adopta la politique centrée sur la communauté pour aider les enfants affectés par la guerre de libération. Cependant, dans les années 1980, suite à la récession économique et aux conditionnalités du duo Banque mondiale/FMI, les conditions économiques nationales déclinèrent, aggravées aussi par la reprise de la guerre avec le RENAMO. Cette situation ouvrit la porte à la dépendance extérieure. Des agences et des ONG humanitaires altérèrent la politique gouvernementale centrée sur la communauté en introduisant les approches sélectives (plaidant pour des actions centrées sur les spécificités, des interventions ponctuelles, etc.) et celles résiduelles (liant le développement aux théories de la modernisation), toutes deux ayant échoué dans les années 1950 et 1960. C'est le retrait du gouvernement, privé de moyens, sur ce terrain qui leur a donné beaucoup de poids.

Magola, C., 1991, «The Sad Plight of Refugee Children», in *Sauti ya Siti*, n°13, April-June, pp. 7-9.

L'auteur retrace l'odyssée des enfants réfugiés en Afrique, dont les conditions de vie sont misérables. Ce fléau qu'est la guerre, en début de l'année 1990, a produit des réfugiés dans toute l'Afrique, allant vivre dans les pays voisins. À l'exception de l'Afrique du Nord, tout le continent est en proie à la guerre. La dernière sous-région touchée est l'Afrique de l'Ouest, avec la guerre du Liberia. Dès lors, les chiffres oscillent entre 1,3 millions de réfugiés en Ethiopie à 262 000 au Rwanda et au Burundi; en Tanzanie alors que les Mozambicains avoisinent 1,1 millions suivant de près les Libériens avec 1,2 millions en Afrique de l'Ouest. La moitié de cette population est enfantine. Elle souffre des affres, de la famine, des maladies, et de traumatismes. Ces victimes des conflits armés sont abandonnées puisque l'UNHCR manque aussi des fonds pour les soutenir alors que ces enfants doivent jouir de leurs droits. Cependant ceux-ci ne sont pas toujours respectés. S'ils possèdent des droits comme enfants, ils en possèdent aussi à titre d'enfants réfugiés que les pays hôtes doivent respecter et honorer. L'auteur évoque ainsi le cas du gouvernement tanzanien, de l'ONG TAWECOMI et du Dar es Salaam Boy Scout Grounds qui déploient des efforts pour récupérer et aider les enfants réfugiés à redevenir des enfants normaux.

Montagu, J. (ed.), 1990, *Prospect for Africa's Children*, Foreward by HEH the Princess Royal, Hooder and Stoughton, London, vi-122p., photographies, graphiques, cartes.

Préparé pour Save the Children Fund, ce livre analyse la situation des enfants et des familles nécessiteuses d'Afrique. Il livre une information de première main sur la situation des droits de l'enfant non respectés dans certains pays, à partir de l'expérience et des rapports de missions d'enquête de la Save the Children. Le but est la promotion des droits de l'enfant sur le continent. Cependant, il contient aussi des chapitres dédiés aux enfants victimes de la guerre et de la violence.

Korstad, R.R., 1993, «Documentary Projects for Refugee and Displaced Children in Southern Africa», in *Journal of Social Development*, Vol. 8, n°2, pp. 61-72.

L'expérience du déracinement et de la dislocation qu'ont vécue les Mozambicains a effectivement séparé les enfants de leur propre histoire et de leurs traditions culturelles. Cette question est cruciale d'autant plus que le développement psycho-social des enfants est intimement lié au sens de leur identité et à l'arrière-fond familial. Le processus ancien qui était pris en charge par la tradition orale, a été brutalement sevré par la guerre. Cependant, divers projets documentaires ont été développés au Mozambique afin de les réunir à leur culture, à travers des activités culturelles et communautaires. Dans ce cadre, l'auteur propose des projets et activités parmi les enfants réfugiés dans leurs camps et à ceux déplacés, autant qu'aux jeunes personnes. Ces activités comprennent l'histoire orale, les projets photographiques, l'autobiographie et l'usage des vidéogrammes. Le but poursuivi est de rétablir la mémoire collective pour ces enfants et de les aider à développer les habiletés de base en communication et apprentissage et, enfin, de donner une source d'information historique et culturelle à la communauté en général.

Last, M., 1992, «The Power of Youth, Youth of Power: Notes on the Religions», C. Coquery-Vidrovitch et F. Guitart (eds.) *Les jeunes en Afrique*: Evolution et rôle (XIXe–XXe siècles, t.2, Paris, L'harmattan, pp. 375-399.

L'étude vise à vérifier l'assertion selon laquelle l'Islam est la religion des jeunes. Avant la colonisation, il a renforcé le pouvoir de ce groupe social haoussa contre le pouvoir traditionnel reposant sur la séniorité à travers la jihad. Ce groupe social est âgé de 20 à 30 ans et exerce donc un pouvoir jeune sur les jeunes et les vieux, ces derniers se trouvent dans la tranche d'âge de 40 à 60 ans. Dès lors, la religion doit être comprise aussi comme une culture des jeunes. Dans une seconde partie, l'auteur analyse la culture islamique comme un lieu où les jeunes arrivent à combler le vide dans la structure socio-familiale, là où dans la religion traditionnelle celle-ci est l'apanage des vieux. L'exercice du religieux oppose aussi les jeunes aux vieux. Par conséquent, le syncrétisme qui est souvent l'expression de révolte des jeunes contre les vieux est avant tout une faute des mêmes vieux. Enfin, l'ordre social haoussa quoique reposant sur les classes d'âge, offre un modèle de développement d'une culture urbaine des jeunes, car ceux-ci y jouent leur rôle à travers la mobilité sociale. L'auteur conclut en suggérant que le fondamentalisme d'aujourd'hui, autant que le mouvement charismatique des religions chrétiennes, peut être compris comme un autre exemple d'une double voie de religion moderne renforçant le pouvoir des jeunes autant qu'il constitue la voie par laquelle les jeunes expriment leur demande, à travers la religion, de participer activement au gouvernement. En d'autres termes, il soutient que la jihad constitue une voie pour briser une culture religieuse dominée par les vieux.

Malawi Government, 1991, *National Programme of Action for the Survival, Protection and Development of Children in the 1990's/Governement of Malawi*, [S.I.], UNICEF, vi-39p., figure, cartes, tableaux.

Ce plan d'action du gouvernement de Malawi vise principalement à répondre à son engagement à la Déclaration mondiale sur la survie, la protection et le développement de l'enfant des années 1990, auquel il a adhéré en janvier 1991. Ce plan inclut les enfants en situations difficiles, tels les orphelins, l'enfant de la rue, les jeunes infracteurs et les enfants réfugiés mozambicains. Le document traite aussi d'autres secteurs, des buts et stratégies. Des indicateurs économiques et sociaux sont présentés en annexe.

Moorehead, C., 1988, *Namibia: Forgotten Children*, A Report for Oxfam, Oxfam, Oxford, 50p., photographies, cartes.

Ce rapport, réalisé pour Oxfam, reporte dans leurs propres mots, les rêves, espoirs des enfants à propos de leur pays, lorsqu'il sera libéré. Ces rêves sont ceux d'égalité et de partage de la richesse dans un pays libre et riche. Il indique aussi combien les enfants deviennent tôt des adultes, dans un pays occupé militairement. Leur pays a mené 22 années de guérilla contre l'armée sud-africaine qui l'a dominé et dirigé selon des méthodes racistes. En effet, durant cette période de guerre, les enfants namibiens ont vécu dans un contexte de violence structurelle: leurs parents ont été jetés en prison, forcés à l'exil et d'autres tués.

Obikeze, D.S and A.A. Mere, 1985, *Children and the Nigeria: Civil war*, University of Nigeria press, Nsukka, vi-208p., tables.

Cette étude donne le bilan et l'évaluation du programme de réinsertion des enfants déplacés pendant la guerre civile du Nigeria, de 1967–1979. Ce programme conjoint, qui a été monté par l'International Union for Child Welfare (IUCW), le gouvernement fédéral et le gouvernement provincial des trois États de l'Est en collaboration avec quelques organisations volontaires, intégrait cinq phases: l'évacuation, le soin et le traitement dans le camp, le rapatriement, la recherche et le placement et, enfin, l'assistance familiale. Chaque phase était considérée comme un projet en soi doté de ses propres objectifs fondamentaux.

Moretti G., 1993, «Memory and Attention—Main Roads for Rehabilitation» *Saggi-neuropsicologia Infantile Psicopedagogia Riabilitazione*, Vol. 19, n° 2, pp. 9-15 (Univ. Cattolica Milano, Milan, Italy IRCCSE Medea Nostra Famiglia, Bosisio Parini, Italy) AB.

Memory and attention are worth the highest interest in the perspective of a new deal in Rehabilitation. That memory is a pillar of learning was well known in ancient times: Aristote, Cicero, St. Thomas and a lot of scholars wrote about such a topic. Memory can be explored from three points of view: molecular (neurobiological), molar (psychological) and neuropsychological ones. The modem research allows us to recognize many faces of memory and two of them are the base of learning: declarative and procedural memory; the first is typically human and can bias the learning processes. Memory development is a further matter of investigation: the classic piagetian model has to be complete by the outcomes of many more model studies. Attention is a very complex matter to be explored; attention is strictly linked with memory but its functioning is mostly related with perception, anticipation, motivation. How attention can be successfully shifted from a kind of perception to another is still a controversial point for the Neurosciences. In this issue of *Saggi*, some original papers on these aspects our Institute is working about for many years are published; they aim at opening new channels for child Rehabilitation or, at least, at fitting some little tesseras into such a large mosaic.

Preiss M., Newman M., 1995, War Stress in Children from Bosnia, *Ceskoslovenska Psychologie*, Vol. 39, n°6, pp. 534-541.

Authors publish the results of investigation in the Bosnian town Mostar in autumn, 1994. In the course of clinical psychological and psychiatric practice in the eastern part of Mostar, research into posttraumatic stress reactions and depressiveness (hereafter PTSD) carried out by questionnaires took place. The Impact of Event Scale (IES 1979) by Horowitz and the questionnaire of depressiveness were used in 50 children. The most frequent trauma was: to become a refugee; death or injury in family; to see death or injury of other persons; a stay in a concentration camp; to be tortured or to be present at torturing other persons; mother's depression or depressive reaction. The following symptoms occurred most frequently: depressive feelings, unusual quietness, flashbacks, sleep disorders, omnipresent anxiety, keeping of contact with other children or adults. In most of the families that were in contact with psychologist, more persons suffered from the symptoms of PTSD. These children have passed through a preceding screening examination performed by English paediatricians and were sent into psychological care on account of the striking character of behaviour and references of parents. The authors found general IES = 36.6, the subscales: intrusion = 16.3, and avoidance = 18.3. Correlation 0.422 with the questionnaire of depressiveness (Birleson 1981) was found. There were not any marked relation between age and results in IES; this was in correspondence with the clinical experience. When compared with reference groups of adults (Horowitz 1993), the sample was comparable with Israeli soldiers with PTSD and with women who survived the tornado. Higher values in IES were found when the results were compared with that of 600 children within the artetherapeutic programme; this is linked up with easier identification of child at paediatric examination and at school. The results show a marked impact of war on the child's experience and the necessity of psychotherapeutic intervention programmes.

Panizzo, E., 1996, «Les enfants dans la guerre, le cas de Mozambique», in *Afrique contemporaine*, n°180, pp. 142-159.

La situation des enfants dans les guerres civiles a radicalement changé. Ils ne sont plus simplement des victimes. Impliqués de gré ou de force, ils deviennent des acteurs, otages ou enfants-soldats. Une fois la paix revenue, les survivants sont traumatisés. Psychologue clinicienne, l'auteur étudie, dans le cas du Mozambique sorti de 15 années de guerre, les traumatismes des enfants dus à la guerre et les traitements populaires traditionnels et les rites de purification ou de réintégration, que la société performe pour réintégrer les enfants-soldats devenus des meurtriers et les enfants victimes et marqués par la guerre. Toutefois, les premiers sont les plus visés. L'étude repose sur une enquête de quatre mois (janvier-avril 1994) menée sur le terrain dans les provinces du Gaza et du Nampula où elle a interrogé 113 enfants de 13 ans, soit respectivement 62 et 51 enfants et leurs parents. L'auteur a également interviewé les leaders des communautés, des guérisseurs, des anciens villageois et d'autres personnages-clés de ces sociétés. L'étude possède aussi une dimension comparative entre les enfants de Gaza et ceux de la province de Nampila, présentant des caractères culturels et sociaux différents. L'auteur décrit aussi les signes pathologiques et les traitements auxquels les enfants ont été soumis. En annexe, elle donne une bibliographie annotée sur les enfants affectés psychologiquement par la guerre en Afrique et dans le monde (pp. 157-159).

Peters, K. et P. Richards, 1998, «Jeunes combattants parlant de la guerre et de la paix en Sierra Leone», in *Cahiers d'études africaines*, 150-152, XXXVIII, n°2-4, pp. 581-617.

Les auteurs soutiennent que les enfants soldats sont des agents et des victimes des conflits armés du processus démocratique en cours en Afrique. En Afrique, et en particulier en Sierra Leone, l'expérience et l'implication des jeunes dans ces conflits n'est pas encore analysée alors que ce processus l'est. Cet article rapporte plutôt les voix des combattants à travers trois récits de jeunes combattants démobilisés; ils apportent un éclairage nouveau sur les acteurs politiques et donnent une interprétation nuancée mais pertinente sur la suite des évènements dans ce pays. Récoltés six mois avant le coup d'État de 1997 contre Kabbah, ils le prévoient. Ces récits confirment que les soldats autant que les rebelles ont commis des atrocités, que l'armée avait sa part d'officiers corrompus et de criminels de guerre autant qu'il y a eu des militaires honnêtes ayant rempli leur devoir avec bravoure. Les interviewés expriment clairement leur perception sur le processus de paix qu'ils estiment s'effectuer à leurs dépens.

Phiri, S. and J.W. Duncan, 1993, «Substitute Family Placements of Unaccompanied Mozambican Refugee Children: A Field Perspective», in *Journal of Social Development in Africa*, Vol. 8, n°2, pp. 73-81.

L'article analyse les différents problèmes et difficultés que rencontre l'équipe essayant de trouver une famille d'adoption pour les enfants mozambicains, des réfugiés sans parents ou non accompagnés. Ces problèmes et dilemmes concernent le nombre d'enfants à placer, les difficultés de localiser les familles aptes et désireuses de recevoir ces enfants qui ne sont pas les leurs, les différences culturelles parmi les réfugiés. L'étude donne aussi les échecs de placement et les difficultés de conduire un suivi. Cette entreprise a été conduite dans un contexte où les conditions matérielles de sa réalisation ont été misérables et dominées par un manque de ressource de la part des travailleurs eux-mêmes, qui font de ces placements sociaux des moyens de rentes. Toutefois, des cas-types fort utiles sont présentés pour souligner les problèmes majeurs rencontrés autant que l'auteur formule le vœux que soit développée une politique culturelle appropriée à ce pays ayant diverses cultures que la guerre a mêlées et mises à rude épreuve.

Radda Barnen, 1996, *Children: The Invisible Soldiers* (Sweden).

Unique report on child soldiers based on case studies from 26 countries. Case studies were undertaken by local and international NGOS and governmental and other agencies. The primary purpose of the project was to develop a better understanding of the causes and consequences of children's participation in armed conflicts.

Reynolds, P., 1990, «Children of Tribulation: The Needs to Heal and the Means to Heal War Trauma», in *Journal of the International Africa Institute*, Vol. 60, n°1, pp. 1-38.

L'article présente le cas d'une horreur affectant les enfants à large échelle qui, selon l'auteur, n'est pas encore étudiée. L'étude comprend deux parties: le besoin de guérison et le moyen d'y parvenir. Après le récit d'enfants et leur participation dans la guerre de libération du Zimbabwe de 1970 à 1980, il s'attaque aux pratiques de guérison auxquelles ces enfants-soldats sont soummis. L'analyse de ces pratiques indique clairement que les guérisseurs zimbabwéens ont joué un grand rôle avec les rites de réconciliation délivrant aussi les traumatismes tant collectifs qu'individuels. Ces guérisseurs agissant dans les conditions d'après-guerre se révèlent créatifs, attentifs aux conditions changeantes de leur univers et démontrent leur intégrité. Cette étude repose sur des enquêtes de terrain conduites entre 1982 et 1983 auprès d'une soixantaine de guérisseurs traditionnels dans le pays des Shona. Les récits, en annexes, sont particulièrement éclairant sur les différentes analyses dont ils constituent aussi des illustrations.

Richards, P., 1996, *Fighting for the Rain Forest: War, Youth and Resources in Sierra Leone,* The International African Institute with James Currey and Heinemann, Oxford, Postmouth, xxix-182p, cartes, photographies, graphiques et tableaux.

L'étude repose sur la réfutation de la thèse de la «nouvelle barbarie» de R. Kaplan et entend donner une explication rationnelle à cette guerre pleine d'atrocités et menée avec des armes de moindre coût et où les acteurs recourent aux tactiques qui réussissent à désorienter, traumatiser et démoraliser les victimes par la violence, et qui sont diaboliquement bien calculées (p.xvi). La fin de la guerre froide et le désengagement de l'Occident ont mis au premier plan les guerres africaines dues à la faillite de l'État patrimonialiste et aux diverses motivations d'accès au pouvoir par les «seigneurs de guerre» et leurs factions guerrières. L'auteur analyse le cas des jeunes sierra léonais impliqués dans la guerre, qui est une extension de la crise de l'État, et restitue leurs espoirs au sortir de cette furie. Le rôle et l'usage de la forêt comme lieu de repli de la rébellion et du recrutement des jeunes, dans les récits locaux et des jeunes guérilléros et les récits sur la vie au camp de diamand. L'auteur passe en revue les effets médiatiques de la guerre et dénote la présence d'une conscience politique et de gestion de l'environnement chez les combattants. Le livre s'achève sur une suggestion de résolution du conflit à travers un processus endogène que pourra soutenir la communauté internationale. Le processus inverse, caractéristique de la période de la guerre froide, est dépassé car la société sierra léonaise est déjà engagée dans un processus de mondialisation où l'hybridité culturelle et économique est présente. Une discussion théorique introduit le livre.

UNESCO, 1996, La tolérance: porte ouverte sur la paix. Manuel éducatif à l'usage des communautés et des écoles, Paris, UNESCO, iii-35p.

Ce document préliminaire a été préparé par l'UNESCO en vue de la célébration de 1995 consacrée Année des Nations Unies pour la tolérance. Il propose une description d'un programme et des spécimens de matériels pour l'enseignement de la tolérance à l'école. Il part de la présomption que cette institution est le laboratoire pour la pratique de la tolérance, un agent d'intégration à la société et un centre communautaire. La tolérance devenue monnaie rare dans la société en proie à une violence toujours croissante, peut être instillée à toutes les disciplines et matières d'enseignement, dès l'école primaire et au secondaire. Dès lors, il propose des leçons-modèles pour tous les niveaux. Il débute par la discussion sur la tolérance, la culture de la paix, la cartographie de l'intolérance et le recours aux droits de l'homme comme un moyen de diagnostiquer l'intolérance.

UNICEF, 1987, *Children on the Frontline: The Impact of Apartheid, Destabilisation and Warfare on Children in Southern Africa*, New York, UNICEF, 86p., illustrations.

Le livre est composé de deux rapports commissionnés par l'UNICEF. Le premier, rédigé par R.H. Green, D. Asrat, M. Mauras et R. Morgan, présente la situation des enfants dans les neuf pays de SADCC (Angola, Botswana, Lesotho, Malawi, Mozambique, Swaziland, Tanzanie, Zambie et Zimbabwe). La seconde, réalisée par F. Wilson et M. Ramphela, décrit la situation en Afrique du Sud. Ces deux rapports décrivent la situation des enfants et la manière dont elle se détériore rapidement dans ces pays aux différents plans: social, économique, éducationnel, santé et nutritionnel. Des propositions d'actions sont identifiées pour une intervention urgente.

UNICEF, 1996, *La situation des enfants dans le monde*, New York, UNICEF.

Livre produit à l'occasion du 50ᵉ anniversaire de l'UNICEF, il établit le bilan de l'action de cette institution. Il comprend trois chapitres, dont le deuxième et le dernier sont respectivement «Cinquante ans au service des enfants» et «Statistiques». «Les enfants dans la guerre», le premier chapitre, insiste d'abord sur le lourd tribut que les enfants ont payé à la guerre ces dix dernières années (torture, viol, mort, famine et maladie, séparation avec

la famille, infirmités, traumatisme, protection juridique internationale, etc.)
Il proclame un «Ordre du jour contre la guerre», qui est une série de
mesures fondamentales et pratiques qui aboutiront à bloquer la guerre. Il
appelle à en finir avec le recrutement et l'enrôlement des enfants et des
jeunes de moins de 18 ans dans l'armée, la production, la vente et l'usage des
mines terrestres antipersonnel. Il voudrait renforcer les procédures visant à
surveiller et à punir toutes les transactions constitutives des crimes de
guerre. Il établit aussi un agenda de paix et réclame un soutien au
développement de la société d'après-guerre. Il est précédé de la Préface du
Secrétaire général de l'ONU et de celle du Directeur général de l'UNICEF.

UNICEF *A Framework for the Demobilisation and Reintegration of Child
Soldiers*, Monrovia, Liberia.

Major needs are listed as the reactivation of schools, trauma, counselling,
physical rehabilitation and community sensitisation. Responsible agencies
are identified.

Bibliographie signalétique

Généralités, y compris l'Afrique

1992, *Annotation: Children in Situation of Political Violence*, Save the Children,
London.

1989, *Children who have survived*, Rädda Barnen, Oslo.

Godwin-Gill, G. and I. Cohen, 1994, Child Soldiers: The Role of Children in
Armed Conflicts, Clarendon Press, Oxford, 228p. + index et annexe.

Machel, G., 1996, Conséquences des conflits armés sur les enfants, UNICEF,
New York, Rapport 4/51/301 et Add.1.

Macpherson, M. (ed.), 1992, Child Soldiers: The Recruitment of Children into
Armed Forces and Their Participation in the hostilities, Quarter Peace and
Service Report, UK.

Meneva, Y., A. Kalova and J. Angelova, 1992, Continuing Challenges to Human
Rights and Peace, Pimatm1N, 271p.

Toetorrico, J.M. and A. Marcelino, 1993, Children in War: A Guide to the
Provision of Service, New York, UNICEF, 117 p.

Afrique noire

Abitbol, Eric and Christopher, Louise, 1995, *Up in Arms: The Role of Young People in Conflict and Peacemaking*, London, International Alert, Notes: Bibliography: pp. 67-68, Subjects: Children and War, Women and War, Social Conflict, Reconciliation, Women and Peace; Youth and Peace.

Africa Watch, 1990, *Ethiopia: Conscription, Abuses of Human Rights During Recruitment to the Armed Forces*, (Africa Watch) Order from Human Rights Watch Publication Dept: www.hrw.org.

African Conference on the Use of Children as Soldiers, 1999, Maputo (Mozambique), April, http://www.child-soldiers.org/Maputo.htm.

Agiobu-Kemmer, I.S., 1992, «Child Survival and Child Development in Africa», Bernard van Leer Foundation, The Hague, 13p., (Studies and evaluation papers).

Ahlstrom, C; Nordquist, Kjell-Ake, 1991, Casualities of Conflict: Report form the World Campaign for the Protection of Victims of War, Dept. of Peace and Conflict Research.

Amnesty International Parliamentary Briefing, UN Doc. A/51/306, 1996, «The Impact of Armed Conflict on Children» (The Machel Study), 26th August.

Andrews A., 1996, «Newsletter and Data Base on Child Soldiers» by Rädda Barnen *International Journal of Children's Rights*, Vol. 4, n°2, pp. 177-180.

Australian Television, 1996, *Babes at Arms [Film]*, Documentary Account of the Demobilisation of Child Soldiers in Sierra Leone, (Michael Monore Reporter, Channel 9' '60 minutes' program).

Binford, W., 1995, Child Soldiers and Other Victims of Armed Conflict: Report from the Meeting of Consultation on Children in War, Henry Dunant Institute.

Black, M., 1996, *Children and Today's War: Victims, Targets and Perpetrators*, Cambridge, USA, Crosslines Global Publisher.

Bracken, P., Giller J., Ssekiwanuka J.K., 1996, «The Rehabilitation of Child Soldiers: Defining Needs and Appropriate Responses», *Medicine, Conflict and Survival*, April-June, Vol. 12, n°2, pp. 114-125, Children Military personnel Social rehabilitation War.

Bracken, P., Petty, C., 1998, *Rethinking the Trauma of War*, London, Save the Children, Concerns are raised about the export of trauma experts and counsellors to war torn countries.

Brett, R., 1996, «Child Soldiers: Law, Politics and Practice», *International Journal of Children's Rights*, Vol. 4, n°2, pp. 115-128.

Brett, R., McCallin M., Jeannet S. (Rev.), 1996, *Children: The Invisible Soldiers*, Quaker United Nations Office *et al.*, Geneva.

Brett, R., McCallin M., Jeannet S. (Rev.), 1997, «Children: The Invisible Soldiers», *International Review of the Red Cross*, July-August, Vol. 37, n°319, pp. 460-462, Red Cross Children's Rights, United Nations Military Armed conflict, UN Study on the Impact of Armed Conflict.

Brett, R., McCallin M., ParryWilliams J. (Rev.), 1997, «Children: The Invisible Soldiers» *Development in Practice*, August, Vol. 7, n°3, pp. 317-318.

Bull, E.J., 1997, *Community Based Programme for the Care of Child Soldier in Sierra Leone*, (unpublished paper: report prepared for the symposium in Cape town in April 1997 on the prevention of recruitment of children into armed forces and demobilisation and social reintegration of child soldiers in Africa).

Byarugaba, J., 1995, Child Soldiers in West Africa: The Liberian Experience: Characteristics and Constraints to Intervention, UNICEF.

Cairns, Ed, *Children and Political Violence*, Oxford: Blackwell, Understanding children's worlds; Subjects: Children and war; Children and violence; Child psychology; Violence—Psychological aspects.

Cambell, J., 1997, *Too Young to Serve: The Consequences of a Lost Childhood*, Bristol University, Research paper on child soldiers, School for Policy Studies.

Castelo Branco, V., 1997, «Child Soldiers: The Experience of the Mozambicar. Association for Public Health», *Development in Practice*, November, Vol. 7, n°4, pp. 494-496.

Centre for Defense Information, 1997, «The Invisibie Soldiers: Child Combatants», *The Defense Monitor*, July.

Centre on War and the Child, 1989, *The Children of Mozambique's Killing Fields: A Summary Report*, Eureka Springs, Arkansas (A brief report on the abuse of children by the RENAMO forces in Mozambique).

Chapita, P., Mwale, L., 1996, *African Churches Heal War Trauma*, Africa news, (Notes: New articles on the use for spiritual healing as a method to help former child soldiers of Mozambique).

Children Assistance Program (CAP), 1995, *Case Study on Child Soldiers in Liberia* (unpublished paper, Rädda Barnen, Stokholm, Sweden).

Chole, Eshetu (ed), 1992, Children of War in the Horn of Africa: The Bitter Harvest of Armed Conflict in Ethiopia, Sudan, Somalia and Djibouti, (A report to UNICEF by the InterAfrica group).

Christian Science Publishing Society, 1998, Human Rights and Refugees: Women and Children First.

Coalition to Stop the Use of Child Soldiers, The Use of Children as Soldiers: A country Analysis.

Cohn I., 1998, «The Protection of Child Soldiers During the Liberian Peace Process», *International Journal of Children's Rights*, Vol. 6, n°2, pp. 179-220. (Children's rights; Military personnel; Peace negotiations; Peace keeping; Basic needs; Child protection; United Nations; War-Armed conflict; UN Convention on the Rights of the Child).

Cohn, I., 1994, «Child Soldiers - The Role of Children in Armed-Conflicts», *Conflict-Resolution in Africa* - Deng, F.M., Zartman, I.W.

Cohn, Ilene and Guy S. Goodwin-Gill, 1994, *Child Soldiers: The Role of Children in Armed Conflict*, Oxford, New York, Oxford University Press. (A study for the Henry Dunant Institute, Geneva).

Conference on Children in Situation of Armed Conflict in Africa: An Agenda for Action, 1988, Nairobi, Kenya.

Conference: *Regional Meeting on Youth in Africa*, 1979, Nairobi, Kenya.

Cooper R.N., 1995, «Child Soldiers - The Role of Children in Armed-Conflicts – Goodwingill», G., Cohn, *Foreign Affairs*, Vol. 74, n°3, p. 172.

Davies, Ruth, 1984, *Children and the Threat of Nuclear War*, Lancaster, S. Martin's College, Occasional paper/ Centre for Peace Studies, n°8.

Dodge, Cole P., 1991, *Reaching Children in War: Sudan, Uganda and Mozambique*. Magne Raundalen Bergen, Sigma Forlag, Uppsala, Scandinavian Institute of African Studies xiii, 146p.

Dorier, Apprill, 1997, «Guerre des milices et fragmentation urbaine à Brazzaville», in Hérodote, n°86/87, 3è et 4è Trimestres, p. 182-221.

Eberegbulam Njoku, J.E., 1993, *African Childhood: Poor Social and Economic Environments*, Edwin Mellen Press, 156p., photos, tab.

Eskidjian, S. (ed.), 1998, *Small Arms, Big Impact: A Challenge to the Churches*, World Council of Churches, Geneva.

European Forum for Child Welfare, 1998, The Soldier Child: Position Paper on Children in Situations of Armed Conflict.

Finnegan, W., 1992, *A Complicated War: The Harrowing of Mozambique*, University of California Press, Los Angeles.

Fleischman, Janet, 1994, *Easy Prey: Child Soldiers in Liberia* [Janet Fleischman, Lois Whitman] New York, London, Human Rights Watch, vii, 80p., 23cm (pbk).

Fozzard, S.W., 1995, *Surviving Violence: A Recovery Programme for Children and Families*, Bureau international catholique de l'enfance (BICE), Genève.

Frankel, M., 1995, Boy Soldiers: A New and Ruthless Breed of Warriors (New York: Newsweek Inc), (Mental health of former child soldiers, psychological consequences of child's participation in war in Uganda, Armenia and Sri Lanka).

Furley, Oliver, 1995, *Child Soldiers and Youths in African Conflicts: International Reactions*, Coventry, African Studies Centre, Coventry University, 29p., 30cm (spiral), Occasional paper series (Coventry University, African Studies Centre), n°1.

Ganli, M. A., 1997, «Bonjour! Nous sommes les Cobras!», Rupture, n°10, 2^e trimestre.

GoodwinGill, G., Cohn I., Ventre L. (Rev.), 1995, «Child Soldiers, The Role of Children in Armed Conflicts», [review] *International review of the Red Cross*, September-October, Vol. 35, n°308, pp. 577-578,*American Journal of International Law*, October, Vol. 89, n°4, pp. 849-852.

GoodwinGill, G., Cohn I., Ventre L. (Rev.), 19xx, *Child Soldiers, The Role of Children in Armed Conflicts* (also in French and Spanish), Children in Liberia, Guatemala, El Salvador.

Gruenais, M.-E., 1997, «Le Congo de la fin d'une pseudo-démocratie», in *Politique africaine*, n°68, décembre, p. 125-133.

Harbottle, M., 1997, *Proper Soldiering - The Ethical Approach*. Written Contribution to the report on the Round Table 'Armed Conflicts and Sexual Abuses of Children' by the NGO Group for the Convention on the rights of the Child, Focal Point on Sexual Exploitation of Children.

Hedlund, Thulin, 1995, Children in Armed Conflict: Background of Document to the Plan of Action Concerning Children in Conflict, Geneva, Henry Dunant Institute, (Lebanon, Liberia, Mozambique, Sierra Leone, Somalia, *Children in War).*

Human Right Watch/Africa, 1994, *Sudan, The Lost Boys*, Human Right Watch/Africa, November, Vol. 6, n°10.

Human Rights Watch/Africa, 1991, *Angola: Civilians Devastated by 15 Years of War*, Contains some references to child soldiers, Order from Human Rights Watch publication dept.: www.hrw.org

Human Rights Watch/Africa, 1991, *Ethiopia: Human Rights Crisis as Central Power Crumbles; Killings Detentions, Forcible Conscription and Obstruction of Relief*, New York, Order from Human Rights Watch publication dept.: www.hrw.org.

Human Rights Watch/Africa, 1992, *Conspicuous Destruction: War Famine and the Reform Process in Mozambique*, New York, Order from Human rights Watch publication dept.: www.hrw.org.

Human Rights Watch/Africa, 1994, *Easy Prey: Child Soldiers in Liberia* Order from Human Rights Watch publication dept.: www.hrw.org.

Human Rights Watch/Africa, 1994, *Sudan: In the Name of God; Repression Continues in Northern Sudan*, London, Report refers to the abduction, religious indoctrination and forced military training of boys by forces loyal to the Sudanese government, Order from Human rights Watch publication dept.: www.hrw.org

Human Rights Watch/Africa, 1996, *Children in Combat*, New York, Human Rights Watch, Liberia, Mozambique, Sudan.

Human Rights Watch/Africa, 1998, *Liberia: Emerging from the Destruction: Human Rights Challenges Facing the New Liberian Government*, Order from Human Rights Watch publication dept.: www.hrw.org

ILO, 1995, Reintegration of Young Ex-combatants into Civilian Life, International Labor Office, Geneva.

International Red Cross and Red Crescent Movement, Programme on Children Affected by Armed Conflict, 1997, *Plan d'action relatif aux enfants dans les conflits armés*, Stockholm.

International Save the Children Alliance, 1997, *Promoting Psychological Well-being Among Children Affected by Armed Conflict and Displacement,* International Save the Children Alliance, Geneva, How to best assist children affected by war.

James, Beverly, 1994, *Handbook for Treatment of Attachment-trauma Problems in Children*, New York, London, Lexington Books, xiii, 290p.

Jareg, E., 1993, *Rehabilitation of Child Soldiers in Mozambique*, Mozambique, Red Barna, Norwegian Save the Children.

Jareg, E., 1993, *The Rehabilitation of Former Child Soldiers*: Report on Training Workshop for Caregivers of Demobilised Soldiers, Freetown, Sierra Leone, September, 1-3, International Catholic Child Bureau.

Jareg, E., 1995, *From Soldiers to Citizens: Reintegration of Children Involved in War*, Oslo, Redd Barna. Mental Health, Rehabilitation, Reintegration, Paper describes some of the effects of war on children and efforts to help children reintegrate back into society.

Jensen J.P., 1994, War-affected Societies and War-affected Children - What are the Long-term Consequences?

Kadjar-Harmouda, E., 1996, An End to Silence: A Preliminary Study on Sexual Violence, Abuse and Exploitation of Children Affected by Armed Conflict

Kalshoven, F., 19??, *Assisting the Victims of Armed Conflict and other Disasters*, Martinus Nijhoff publishers. Papers by Gerladine van Bueren and Hingorani, contain passages about child recruitment, mainly in the context of international law. Reference.

Kelly, D., 1997, «The Disarmament, Demobilisation and Reintegration of Child Soldiers in Liberia 1994-1997: The Process of Lessons Learned», UNICEF Liberia, Monrovia, Detailed report on child soldiers.

Kent, G., 1992, Implementing the Rights of Children in Armed Conflict (Honolulu, University of Hawaii) Study of Uganda, working paper, Action oriented paper describing the development of international law.

Lutheran World Federation, 1995, *Child Soldiers*, Lutheran World Foundation, Special issue for the Development Education Forum.

Macrae, J. and A. Zwi (eds.), 1994, *War and Hunger*, Zed Books, UK.

Mbanza, J.P., 1997, «La guerre comme un jeu d'enfants», in *Rupture*, n°10, 2e trimestre.

McCallin, M., 1995, *The Reintegration of Young Ex-combatants into Civilian Life,* Expert meeting on the design of guidelines for training and employment of ex-combatants, Harare, 11-14 July (ILO), Ethiopia, Liberia, Mozambique, Sierra Leone, Community conditions of participation.

McCallin, M., 1996, The Psychological Well-being of Refugee Children: Research, Practice and Policy Issues, Geneva, International Catholic Child Bureau.

McGowan, N., 1998, «Blood on our Hands, Child Soldiers—A UK Responsibility», UNICEF.

Moorhead, C., 1988, Namibia: Apartheids Forgotten Children, Oxfam.

Moudzika, J.-C., 1997, «Morts sans sépulture», in *Rupture*, n° 10.

Muchini, B., 1993, «Unaccompanied Mozambican Children in Zimbabwe: The Interface with Street Children», in *Journal of Social Development in Africa*, Vol. 8, n°2, pp. 49-60.

Muhumuza, R., 1995, «Gulu: Children of War» Report from ODA Assisted programme in Uganda, World Vision, Uganda.

Muhumuza, R., 1996, Girls Under Arms; A Case Study of Girls Abducted by Joseph Kony's Lords Resistance Army (LRA) in Northern Uganda, World Vision Uganda.

National Institute for Public Interest Law and Research, 1996, *Child Soldiers*, Report for the study on the impact of armed conflict on children (unpublished paper).

National Institute for Public Interest Law and Research, 1996, *Child Soldiers*, Report for the study on the impact of armed conflict on children.

Norrman, Leif, 1998, *Children Victims and Executioners in Absurd War* (Title in Swedish), news article in Swedish on the Lords Resistance Army (LRA) in Uganda and its brutal use of children, Oxfam, *Small Arms-Wrong Hands*, Oxford.

Pereira, D., Richman, N., 1995, *Helping Children in Difficult Circumstances: A Teachers Manual*, Notes: A manual prepared by Ministry of Education, Mozambique with Save the Children UK, A step by step guide on how to help children affected by violence.

Peters, K. and P. Richards, 1998, «Why We Fight: Voices of Under-Age Youth Combatants in Sierra Leone», in *Africa*, Vol. 68, n°2.

Rädda Barnen, 1998, *Children of War: A Newsletter on Child Soldiers*, Sweden. Notes: Contains Rädda Barnen's yearly 'back list' over conflicts in which children participate, information from Stop the Use of Child Soldiers, media abstracts and other news.

Raoul Wallenberg, 1991, *Children of War*, Report from the conference on children and war organised by the Swedish red cross, Swedish save the Children and the Raol Wallnberg Institute, Stokholm 31 May.

Raundalen, M., Dyregrov, Atle, 1992, *Reaching Children Through the Teachers: A Manual for Helpers of War Affected Children*, University of Bergen, Norway, Notes: Mozambique, Uganda. Explains the concept of trauma in relation to children's different developmental states.

Ressler, E. Tortorici, J. M., Marcelino, A., 1993, *Children in War: A Guide to the Provision of Services*, a study for UNICEF, New York, UNICEF.

Reviere, Susan L., 1996, *Memory of Childhood Trauma: A Clinician's Guide to the Literature*, foreword by John Briere, New York, London, Guilford Press.

Richards Paul, 1996, Fighting for the Rain Forest: War, Youth and Resources in Sierra Leone, London, International African Institute.

Richards, P., 1995, Rebellion in Liberia and Sierra Leône: A Crisis of Youth, Tauris Academic Studies.

Richman, Naomi, 1996, *Principles of Help for Children Involved in Organised Violence*, London, Save the Children, 36p., Working paper.

Roberta J. Apfel and Bennett Simon (eds.), c1996, *Minefields in their Hearts: The Mental Health of Children in War and Communal Violence*, New Haven, London, Yale University Press.

Rosenblatt, Roger, 1983, *Children of War*, Sevenoaks, New English Library, 1984, Originally published, Garden City, New York, Anchor.

Rowell, T., 1999, *Small Arm, Trends and Statistics*, a report for World Vision, University of Leeds, Workplace cooperative Project GEOG 3530, April.

Sahafi, Janet E., 1997, *Healing the Past*, Dublin, Poolbeg Press, 244p.

Schatte, O., 1998, *Child Soldiers*, The Hague, Watoto wa Amani, report from a conference in the Hague.

Spenser, C., 1998, *A Child's War: Kidnapped by Uganda Rebels, Innocents are Trained to Kill*, Southam, Ottowa, Extensive news articles on the situation in Northern Uganda, with stories from children who have escaped the LRA (Lords Resistance Army).

Spry-Leverton, J., 1996, *Rwanda's Boy Soldiers: Out of Limbo and into School*, UNICEF, New York. About a UNICEF demobilisation project for 1000 child soldiers in Rwanda.

Thodardottir, J., Hedlund Thulin, K., 1995, Experience and Ideas of National Red Cross and Red Crescent Societies in Relation to Children in War, Summary of replies to a questionnaire, Geneva.

Tonda, J., 1998, «Esprit de désespérance sociale et guerre civile permanente», in *Rupture*, n°11.

UN Doc A/53/582, 1998, *Protection of Children Affected by Armed Conflict*, Report of the Special Representative of the Secretary General for Children in Armed Conflict, 12th October.

UNICEF 1994, 1996, 1997, *The State of the World's Children*, New York, UNICEF.

UNICEF Liberia, 1997, *Child Soldier Reintegration*, Monrovia, Liberia, Demobilisation, family reunification, programmes rehabilitation, reintegration, vocational training.

UNICEF, 1997, «NGO Sub-group of the NGO Working Group on the Convention on the Rights of the Child», Draft Cape Town Plan of Action on the prevention of recruitment of children into the armed forces and demobilisation and social reintegration of child soldiers in Africa.

United Nations, Commission on Human Rights, 1996, *Rights of the Child: Impact of Armed Conflict on Children*. Report of the Secretary General, UN Economics and Social Research Council. Document describes the work on the study of the impact of armed conflict on children, headed by Graca Machel, Mozambique.

Vittachi, Varindra Tarzie, 1993, *Between the Guns: Children as a Zone of Peace*, London, Hodder and Stoughton.

Wessels, M., 1996, *Assisting Angolan Children Impacted by War: Blending Western and Traditional Approaches to Healing*, article about project run by the Christian Children's Fund (CCF) aiming at healing the psychological wounds of war in young people.

Wessels, M., 1997, *Child Soldiers*, The Education Foundation for Nuclear Science, Focus on measures for healing and rehabilitation for child soldiers.

47

Wills, 1998, Abbi and so to school? An experimental analysis of the cognitive sequelae of violence-related trauma for children in 'especially difficult circumstances' in South Africa, and the implications for the delivery of 'education for reconstruction', Edinburgh, Centre of African Studies, Edinburgh University, 99p.

Woods, D., 1990, *Child Bearing Arms: A form of Child Labour?* Centre of War and the Child, USA, Eureka Springs.

Woods, D., 1990, *Children Bearing Military Arms in Uganda.* A Summary Report, Centre of War and the Child, Eureka Springs, USA.

World Vision Ireland, 1996, *The Effects of Armed Conflict on Girls,* a discussion paper for the UN Study on the Impact of Armed Conflict, Dublin World Vision Ireland, World Vision staff working paper, n°1, Bibliography, pp. 31-32.

World Vision, 1999, *Children in Armed Conflict,* June, Position Paper produced by the Policy and Research Department, World Vision, UK. Contains a literature review.

Young, Hamish, 1997, Responses to Questions on UNICEF Policies on Child Soldiers in Southern Sudan, 3, UNICEF/OLS Sudan- Operation life line, Sudan.

Youth, Tradition and Development in Africa, Regional Meeting on Youth in Africa, 1979, Nairobi, Kenya, 17-22 December, Paris, UNESCO Press, 1981.

Zutti, J., 1994, Children of War: Wandering Alone in Southern Sudan, New York, UNICEF.

B. Les enfants et la violence urbaine

1. Bibliographie annotée

Ann, A., 1996, Les mécanismes de régulation informels de la petite délinquance en milieu urbain dakarois, Faculté des Lettres et Sciences humaines, Université C.A. Diop, Mémoire de DEA en anthropologie, 36p., tableaux.

Après avoir présenté Dakar comme une vieille ville hypertrophiée, rassemblant le cinquième de la population nationale, accueillant trois-quarts des activités secondaires et tertiaires et une importante population au chômage, l'auteur aborde la problématique de la criminalité et de l'insécurité urbaines. Les mécanismes de régulations informels (milices d'autodéfense, justice brutale, lynchage, tabassage à mort) traduisent une frustration et un ras-le-bol autant que le besoin accru de sécurité des populations face à l'impuissance des pouvoirs publics à réprimer les actes de banditisme. La relation entre la situation économique issue du PAS et l'accroissement de besoins sécuritaires varient en fonction inverse. Toute possibilité d'un retour à la situation normale n'est pas pour demain. L'auteur propose de responsabiliser les chefs de quartier qui œuvreraient avec leurs concitoyens dans la lutte contre la délinquance et la mise en place d'une police de proximité, dans une structure décentralisée à l'image de la police municipale. Il suggère aussi que soit étudiée, à l'avenir, la relation entre la pauvreté urbaine et l'accès à la justice puisque les actes d'autodéfense sont fréquents dans les quartiers pauvres.

Bahi, P. et T.K. Biaya, 1996, «Danse et idéologie de la marge. Le Zouglou et la transformation socio-politique des jeunes d'Abidjan», in *Sociétés africaines et diaspora*, n°3, septembre, pp. 105-120.

Le «miracle ivoirien» ayant tourné en un «mirage économique» a secrété la crise économique, la banalisation de l'université et la marginalisation des jeunes. Ce processus a stimulé, chez ces derniers, le besoin de déconstruire leur identité en crise et sa représentation populaire pour l'adapter aux réalités socio-économiques et politiques. En inventant le zouglou, les jeunes ont ainsi réarticulé le mythe Bété du changement à leur réalité existentielle: ils ont créé un espace du dire et généré un discours pluriel de reconfiguration des pratiques sociales, culturelles et politiques renversant les valeurs de la société post-coloniale hédoniste, aliénée et son espistémè de l'intellectuel bourgeois. Dès lors, le zouglou s'ouvrait sur la violence sociale et politique, transformant le jeune en acteur politique.

Biaya, T.K., 1997, «Les paradoxes de la masculinité africaine: une histoire de violences, immigration et de crises», in *Folklore canadien*, Vol. 19, n°1, pp. 89-112.

La masculinité africaine préoccupe très peu les études africaines alors qu'elle est au centre des études en Occident sur la famille et le féminisme. L'étude aborde cette construction dans une perspective historique et «cultural centered» ainsi que ses représentations et ses usages, y compris dans les productions culturelles. Elle concerne les jeunes francophones d'Afrique et de la diaspora, qui vivent dans une immigration ininterrompue, où la violence, l'opposition, la résistance et la subversion fondent leur survie. Étendue sur un demi-siècle, l'étude aborde la ville comme un lieu de modernité, retrace les trajectoires migratoires et les différentes crises de masculinité survenant au cours de ces mouvements au niveau individuel, familial et d'insertion dans la société d'accueil où le jeune mâle innove en stratégies et tactiques pour contrôler sa vie au quotidien.

Biaya, T.K., 2000, *Jeunes, culture de la rue et violence à Kinshasa: Entendre, décrire et comprendre*, Série Nouvelles pistes, Dakar, CODESRIA.

)ahwa, E.M.K., 1996, *Yan Daba, Yan Banga and Yan Daukar Amarya: A Study of Criminal Gangs in Northern Nigeria*, Institut français de recherche en Afrique, Ibadan, (IFRA)/African Books Builders, Occasional Publication. n°9, 30p.

J'auteur étudie trois mouvements de gangs urbains du Nord du Nigeria, lont les activités de violence sont intimement liées au milieu socio-politique et tirent leur origine de la formation des premiers partis politiques l'avant 1960, de Kano, dans lesquels ils se développent. Caractérisés omme des groupes mafieux, les *Yan Daba* sont principalement des hommes, auxquels se sont joints quelques femmes et des enfants, ils sont d'extraction oyale, de l'aristocratie et de la bourgeoisie. Leurs cibles sont essentiellement ont des opposants politiques qu'ils agressent. Anciennes milices politiques, ls commettent aussi d'autres actes de vandalisme, vol à main armée, batailles de rue armées entre gangs, etc. Les *yan Banga* sont principalement les jeunes gens d'environ 18 ans, quelques femmes, spécialement des prostituées. Parmi eux se retrouvent actuellement d'anciens soldats et policiers, des déflatés et des sans-emploi, etc.: les laissés-pour compte de la société en crise. Ils opèrent dans les lieux publics lors des cérémonies religieuses et manifestations réunissant des foules: les boites de nuit, les hôtels, etc. Leur nom seul suffit à provoquer la peur et la panique dans les foules. Le troisième groupe est composé de gangsters au sens strict. Ils organisent eurs coups à base de moyens substantiels (bus, voiture, cortège, etc.). Ils procèdent à l'enlèvement des belles femmes qu'ils violent. Ils aiment la «belle vie» et les dépenses onéreuses et somptueuses. Ces trois groupes opèrent chacun de manière indépendante. Toutefois, ils sont localisés à Kano, qui est la seconde grande ville de l'Afrique de l'Ouest et l'important terminus du commerce trans-saharien. Son rôle économique séculaire, dans la région, constitue déjà en soi une raison majeure de la présence de cette violence urbaine.

)allape, F., 1990, *Enfants de la Rue, Enfants Perdus? une expérience à Nairobi*, Dakar, ENDA, 183p., tableaux, Série Etudes et recherche/ENDA, n°128, appendices, annexes, tableaux, graphiques, photographies et illustrations.

L'objectif du livre est d'aider les enfants de la rue à prendre en main leur propre destin et à partager leur vie. L'étude qui est un manuel de recherche action, analyse la complexité de la situation des enfants de la rue, montre la responsabilité de la société envers eux et indique des voies de leur réinsertion sociale. Cette action doit être planifiée et nécessite des ressources et des stratégies de réhabilitation. La coopération avec des ONG, les structures organisationnelles et la mobilisation des ressources sont un passage obligé pour le succès. Cependant, il propose aussi une approche de la préventive en termes de développement communautaire. L'auteur illustre la pratique en recourant à l'exemple de l'ONG Undugu.

De Boeck, F., 1998, «Domesticating Diamonds and Dollars: Identity, Expenditure and Sharing in Southwestern Zaire», in P. Geschiere and B. Meyer (eds.) *Globalisation and Identity*, Special Issue on Development and Change, Vol. 29, n°4, October, pp. 777-810.

L'étude analyse l'impact du trafic récent de diamant dans la partie sud-ouest du Zaïre, dans une approche dite «milti-sited ethnograhy», où la circulation des signifiants culturels, des marchandises, de l'argent et des identités s'effectue dans un espace-temps très large, où les divisions binaires entre milieux rural et urbain, les mondes des vivants et l'au-delà, les sytèmes traditionnel et moderne, pré-capitaliste et capitaliste ont perdu leur sens et pouvoir d'explication. L'article traite alors des *bana Lunda*, «les enfants de Lunda», des jeunes citadins qui voyagent du Sud-Ouest du Zaïre vers la Province angolaise de Norte Lunda, pour creuser ou échanger les biens contre du diamant qu'ils viennent revendre. Il analyse alors les mutations sociales que ces jeunes «diamantaires» causent sur la zone frontalière dite «la dollarisation», aussi bien au village que dans la capitale.

Ehona, O.L., 1993, *Prisoners in the Shadow: A Report on Women and Children in Five Nigerian Prisons*, Civil Liberties Organisation, Surulere, xx-264p.: fig. graph.

Fondée en 1989, l'ONG The Civil Liberties Organisation Prison Project (CLOPP) a pour objectif d'améliorer la connaissance publique des conditions régnant dans les prisons du Nigeria et, sur cette base, elle voudrait encourager l'action gouvernementale et non gouvernementale d'élever ces conditions aux normes internationales. Ce rapport, à propos des femmes et enfants dans les prisons est le fruit d'une recherche conduite dans les cinq prisons: Kirikiri Women's Prison de Lagos, Jos Prison à Jos, Kaduna Prison à Kaduna, Oko Prison de Benin, et Agodi Prison d'Ibadan. Les informations ont été recueillies auprès des travailleurs de prisons, des visiteurs et des anciens prisonniers. Si la première partie du rapport se concentre sur les conditions de la femme en prison, la seconde partie concerne les enfants en prison, décrit le système judiciaire juvénile du Nigeria, les conditions des enfants en prison, leur mortalité et les maladies parmi les enfants en prison.

El-Kenz, A., 1995, «Les jeunes et la violence», in S. Ellis (s.dir.) *Et maintenant l'Afrique*, Paris, Karthala, pp. 87-109.

L'auteur analyse l'origine, les causes et le sens de la violence en Afrique et ses liens avec la globalisation. La violence urbaine des jeunes a pris des dimensions inattendues et fait craindre aux autorités la jeunesse qu'elles avaient tant chantée et sur laquelle elles misaient. Il établit la relation entre la démographie, la crise de l'État post-colonial ayant créé des espaces sociaux vides et la catastrophe économique liée à une paupérisation extrême de la majorité des jeunes qui, en plus, sont soumis aux effets pervers de la culture de la violence due à la mondialisation et au consumérisme. Ces trois facteurs ont fait passer ces jeunes de la culture de la violence à sa pratique. Dès lors, cette violence pourrait se lier aux pratiques économiques et socio-politiques criminelles et alors ferait fi des normes régissant les États pour s'exporter. Des bandes armées et des trafiquants de drogues peuvent se muer en acteurs déstabilisant l'ordre politique non seulement national, mais aussi régional. Cette crise, qui est globale, interpelle la communauté internationale non seulement au plan éthique mais aussi à celui stratégique.

Fair, D., 1995, «War and Africa's Children», in *Africa Insight*, Vol. 25, n°4, pp. 212-215, photographies.

L'auteur souligne les efforts récents de la communauté internationale de s'attaquer au problème des enfants touchés par la guerre et la violence en Afrique sub-saharienne. L'impact physique et psychologique de la guerre sur les enfants est brièvement décrit autant que les tentatives de les aider et de les réinsérer dans la société.

Herault, G. et P. Adesanmi (s.dir.), 1997, «Jeunes, culture de la rue et violence urbaine en Afrique», Actes du symposium international d'Abidjan, 5-7 mai, Ibadan, IFRA, 419p.

L'étude des jeunes et de la culture de la rue part des constats suivants: la jeunesse constitue la majorité de la population, la rue a pris des fonctions nouvelles tel le marché, un exutoire, un lieu de bouillon d'une culture nouvelle qui selon les lieux, coexiste ou supplante les espaces sociaux habituels, le foyer, la famille, la tradition et les institutions. Cette étude, réalisée grâce au financement du Ministère français de la Coopération, sous la direction de l'IFRA-Ibadan, prit pour cible huit villes africaines: Abidjan, Dakar, Johannesburg, Kano, Kinshasa, Lagos, Nairobi et Umtata. Dans une excellente introduction, G. Héraut fournit trois invariants ou caractéristiques récurrentes des études: l'uniformité des modes de survie dans la rue, la constance des mécanismes de production des enfants de la rue et la spirale de la violence. Il fournit aussi les spécificités de certaines villes: l'apartheid en Afrique du Sud, l'islam ayant donné une catégorie spécifique d'enfants de la rue que sont les *almajirai* et *taalibé*, Lagos avec la présence de familles entières dans la rue et, enfin, Kinshasa où la culture de l'ambiance traverse toute la société comme référent comportemental valorisé par les enfants défavorisés et les enfants dorés. Des options stratégiques soulignent l'adéquation des réponses et initiatives actuelles et proposent des leviers d'action envisageables. Ces différentes études reposent sur une approche descriptive et typologique, qui débouchent sur une élaboration conceptuelle et pragmatique. Les analyses incluent de larges extraits des récits de vie et d'activités des enfants de la rue jetant un éclairage sur la condition de «la vie de la rue». Les huit études constituent chacun un chapitre du livre: D. Rodriguez-Torrès: «Nairobi, Les gangs de la rue en direct»; J. Adisa: Lagos, «Street culture and families in the street»; M.-C. Diop et O. Faye: «Dakar, les jeunes, les autorités et les associations»; E.E. Osaghae: «Umtata, A clearing house for delinquents in South Africa»; A. Sissoko: «Abidjan, une situation relativement bien maîtrisée?» H. Ouisan-Bi: «Les enfants de la rue à Abidjan: de la recherche-action à l'action de terrain»; O. Albert: «Kanon, Religious fundamentalism and violence»; T.K. Biaya: «Kinshasa, anomie, «ambiance» et violence»; Y. Marguerat: «Rue sans issue: réflexions sur le devenir des enfants de la rue»; S. Tessier: «De la violence domestique à la violence de l'espace public: des champs de réflexion séparés pour une réalité en continu»; A. Dissel: «Youth, street gangs and violence in South Africa» et A. Marie: «L'insécurité urbaine: l'émergence des violences».

Human Rights Watch Africa, 1995, *Children in Sudan: Slaves, Street Children and Child Soldiers*, Human Rights Watch, New York, x-111p.

La guerre au Soudan a repris avec le coup d'État de 1989 amenant au pouvoir le Front national islamique (NIF), un parti islamique militant, qui a continué à combattre les rebelles du sud répartis en deux factions: le Mouvement de libération du peuple du Soudan SPLM/A et le Mouvement pour l'indépendance du Soudan méridional (SSIM/A). Cette guerre sainte pour les islamistes couvre une violation des droits de l'enfant à divers niveaux: les enfants de la rue et ceux qui ne le sont point sont enlevés et détenus dans des camps. D'autres sont reconvertis en esclaves ou affectés aux travaux dans le Nord; ils reçoivent des noms musulmans—prosélytisme. Certains sont enrôlés de force dans l'armée en échange de sortir des camps. Toutefois, le gouvernement nie toutes ces accusations. Le recrutement forcé des enfants-soldats est aussi de rigueur au sein du SPLA de J. Garang alors que le SSIA de R. Machar, par sa collaboration avec les agences humanitaires tendent à prouver son respect pour les droits de l'enfant. L'étude se termine sur des recommandations faites aux différents acteurs: gouvernement, factions rebelles, organisations des Nations Unies, les États-Unis, l'Union européenne et d'autres pays concernés.

INADES-Documentation, 1986, *Jeunesse d'Afrique: Bibliographie commentée*, INADES-Documentation, Abidjan, 41p.

Ce livre constitue un bilan sur les textes et études consacrés à la jeunesse d'Afrique noire. Il présente 58 fiches de textes en français et anglais sur les thèmes suivants: généralités, jeunes dans la ville qui comprend l'exode rural, la survie, l'éducation et la culture, la délinquance, la sexualité; jeunes et travail, et jeunes et politique. Il donne un index des auteurs, des périodiques et des pays.

«Air Youth: Performance, Violence and the State in Cameroon», 1998, *Journal of the Royal Anthropological Institute* (JRAI), Vol. 4, n°4, pp. 753-782.

This article examines responses to state violence by youth groups in the Cameroon grassfields with special reference to Air Youth, a dance group from the kingdom of Oku. The role played by masquerades and their embodiment of animality is first examined. Air Youth, which incorporates a modernist aesthetic and eschews masks in favour of costumes reminiscent of the national gendarmerie, is then described. This military aesthetic is compared with that of other groups of youths throughout the history of the region to demonstrate that the appropriation of the material culture of armed force marks a long established regional means of confronting colonial and state violence. It is further argued that this form of appropriation reveals a continuity with the techniques used by masquerade groups.

An interpretation of Air Youth performances in terms of mimesis is finally suggested as a means of highlighting the ways in which these performances may offer a means of transforming memories of oppression.

Lefort, F. et C. Bader, 1991, *Mauritanie: la vie réconciliée*, Fayard, Paris, 238p., 16 planches, carte.

Ce livre relate la vie et la condition des enfants vivant sans parents dans les rues de Nouakchott, relève les risques et dangers auxquels ils sont confrontés et rend compte de leurs stratégies de survie. En outre, ces enfants de la rue sont confrontés à deux problèmes spécifiques à la Mauritanie. Les faux marabouts maltraitent les enfants dont ils ont la charge et les réduisent à l'esclavage. Pourtant, cette pratique est officiellement abolie depuis 1980. Par contre, ce pays a réussi à mettre en place une juridiction pour enfant et à séparer les détenus adultes des enfants, depuis

89. Dans cet effort de lutte contre la violence dirigée contre l'enfant en
néral et de la prise en charge des enfants de la rue en particulier, le Père
fort a monté un projet pour aider ces derniers à retrouver et à réintégrer
ur famille.

roy Kilbride, Ph. and J. Capriotti Kilbride, 1990, *Changing Family Life in
East Africa: Women and Children at Risk*, Pennsylvania University Press,
University Park, xv-271p, ill, tab.

: rôle et le pouvoir des femmes d'Afrique de l'Est ont été diminués par le
veloppement socio-économique. Partant d'une approche dite «ethnograhie
teractive», les auteurs décrivent et analysent les mutations qui sont
tervenues dans la vie familiale et qui ont décru la valeur des enfants. cette
rnière dimension a entraîné les violences, les abus envers les enfants
nduisant jusqu'à leur rejet ou négligence par les parents. L'étude établit
manière dont les valeurs modernes ont brisé les réseaux de solidarité et
entraide familiaux traditionnels reposant sur la famille élargie et la
mmunauté. L'approche de l'étude est très intéressante en ce cens qu'elle
mbine la collecte extensive des matériaux (interviews, enquêtes, recours à
nformation contenue dans les journaux et la littérature populaire) soumis à
analyse psychologique et ethnographique.

alawi Government National Programme of Action for the Survival, Protection
and Development of Children in the 1990s, Government of Malawi: [s.l.],
UNICEF [1991], vi-39p, figure, cartes, tableaux.

: plan d'action du gouvernement de Malawi vise principalement à
pondre à son engagement à la Déclaration mondiale sur la survie. la
otection et le développement de l'enfant des années 1990, auquel il a
héré en janvier 1991. Ce plan inclut les enfants en situations difficiles: les
phelins, l'enfant de la rue, les jeunes infracteurs et les enfants réfugiés
ozambicains. Le document traite aussi d'autres secteurs, des buts et
atégies. Des indicateurs économiques et sociaux sont présentés en annexe.

arguerat, Y., 1991, «Les *smallvi* ne sont pas des *gbevouvi*. Eléments pour une
histoire de la marginalité juvénile à Lomé (Togo), in H. d'Almeida-Topor,
O. Goerg, C. Coquery-Vidrovitch et F. Guitart (eds.) *Les Jeunes en Afrique.
Évolution et rôle* (XIXe–XXe siècles), t.1, Paris, L'Harmattan, p. 130-154,
cartes.

auteur définit l'enfant de la rue comme un enfant qui est en rupture avec
normalité, de son point de vue et du point de vue social. Venus souvent
 monde rural à la ville, il échoue sur ses franges. Ce phénomène récent a
marré avec la Seconde Guerre et l'effort de guerre colonial imposé aux

paysans. Les jeunes migrants se rattachent déjà à une histoire sociale urbaine de Lomé remontant au XIXe siècle. Ce qui est nouveau dès les années 1960, c'est l'apparition de la nouvelle marginalité liée à la délinquance, à la prostitution, à l'usage de la drogue et d'autres formes de répression policières et juridiques. Cette évolution se reflète aussi dans la législation. Les jeunes de la rue possèdent un langage propre. Cette délinquance présente à Lomé se retrouve aussi dans les villes secondaires. Elle prend diverses formes selon les villes. Le caractère original du modèle des structures familiales loméennes n'est pas étranger aux autres causes par la fragilité des unions, l'indépendance des femmes, etc. La racine du mal est psycho-sociale et mérite d'être prise en charge pour solutionner le phénomène.

Marguerat, Y., 1998, «Les violences urbaines», in *Cahiers d'études africaines*, 150-152, XXXVIII, n°2-4, pp. 665-671.

L'équipe franco-nigériane de l'IFRA d'Ibadan a lancé une recherche internationale sur les violences urbaines en Afrique, aboutissant aux importants colloques d'Ibadan (1994) et d'Abidjan (1997). Ce dernier centré sur les relations entre jeunesse et violence, a montré combien, partout, la société actuelle refoule sur ses marges des jeunes qui s'y organisent progressivement en contre-société, de plus en plus articulée autour de la violence, subie ou provoquée. Mais chaque ville ayant son histoire sociale propre, la marginalité aussi y présente de ce fait des aspects spécifiques (CEA p.671).

Montagu, J. (ed.), 1990, *Prospect for Africa's Children*, foreward by HEH the Princess Royal; London Hooder & Stoughton, vi-122p, photographies, graphiques, cartes.

Préparé pour Save the Children Fund, ce livre analyse la situation des enfants et des familles nécessiteuses d'Afrique. Il livre une information de première main sur la situation des droits de l'enfant non respectés dans certains pays, à partir de l'expérience et des rapports de missions d'enquête de la Save the Children. Le but est la promotion des droits de l'enfant sur le continent. Cependant, il contient aussi des chapitres dédiés aux enfants victimes de la guerre et de la violence.

Ochola, L., 1996, *Eviction and Homelessness: The Impact on African: Children in Development in Practice*, Vol. 6, n°4, C., pp. 340-347, + tab.

Dans le futur proche, la croissance de la population constituera un facteur important dans le développement des villes en Afrique sub-saharienne. Soixante dix pour cent de la population est condamnée à vivre dans les quartiers pauvres et mal lotis, privés d'eau, de salubrité, entourés de déchets, sans routes appropriées, ni travail. Puisqu'elles sont pauvres et sans pouvoir de négociation, ces populations sont victimes d'expulsions arbitraires. Elles sont aussi privées de leur gagne-pain et de leur environnement, pour des raisons de croissance industrielle, de spoliation foncière et de l'amélioration de la ville; ce dernier processus s'opérant au profit du riche que du pauvre. Dans ces combats pour les ressources, ce sont les enfants qui souffrent le plus. Cet article se concentre davantage sur les effets des expulsions arbitraires et des sans-logis sur les enfants africains et propose des recommandations à propos des enfants de la rue, qui sont aussi des sans-logis.

Osaghae, E.; I. Touré; N. Kouamé; I.O. Albert and J. Adisa, 1994, *Urban Violence in Africa*, IFRA, Ibadan, vi-175p, cartes, fig, tab.

Ce livre contient quatre études pilotes menées dans le but de combler le vide existant dans la littérature sur la violence urbaine en Afrique. Ces études sont à la fois exploratoires et empiriques; elles identifient les problèmes dans quatre villes et proposent des solutions, à l'heure où la violence est devenue monnaie courante sur le continent. Osaghae analyse la violence en Afrique du Sud qui est à base raciste et politique, nourrie par l'idéologie de l'apartheid. Elle a généré, en retour, une violence des Noirs dirigée contre leurs frères, se muant en délinquance et crime. I. Touré et N. Kouamé présentent le cas d'Abidjan où l'origine de la violence est avant tout socio-économique, même si le monopartisme a conduit à des confrontations violentes; elle prend parfois des formes xénophobiques. Deux études des villes nigérianes de Kano (Albert) et de Lagos (Adisa) contrastent les facteurs et les acteurs. Historique, l'étude de Kano examine la violence ethnique et religieuse conduite par les *almajirai* et dirigée aussi contre les femmes et les enfants. L'étude sociologique de Lagos fait découvrir une crise liée à l'accroissement de la ville et à sa position économique et politique dans le pays. L'auteur analyse aussi la fraude/corruption et la menace grandissante qu'est l'apparition des *area boys* qui harassent les citadins dans les lieux publics.

Raison-Jourde, F., 1992, «Les ruraux malgaches et l'école pré-coloniale. Une jeunesse prise au piège entre armée et corvée», in H. d'Almeida-Topor, O. Goerg, C. Coquery-Vidrovitch et F. Guitart (eds.), *Les Jeunes en Afrique, Évolution et rôle* (XIXe–XXe siècles, t.1, Paris, L'Harmattan, p. 350-363.

Durant l'époque pre-coloniale, la scolarisation, débutée en 1820 a éteint presque tous les enfants de 10 à 16 ans, sur les Hauts Plateaux mérina, après 1861. Toutefois, chaque partie organisatrice, dirigeante et mission, possède un agenda caché dans un contexte de malentendu productif. La scolarisation malgache est aussi générale qu'en Occident, mais elle est surtout plus longue, faisant cohabiter enfants et vieux. Elle sèvre l'élève de sa famille, créant une insécurité dans le fief des parents. Mais, elle repose sur un prix économique. Du côté des autorités, la scolarisation à résidence fixe facilite la collecte d'impôts. Du côté des missionnaires, le but était de désinsulariser et de produire une élite à partir des élèves. Dès 1882, les chemins de l'école conduisent à l'armée et aux corvées d'or. À l'issue de la guerre de Marakely, des corps permanents d'écoliers furent composés. Une seconde urgence fut, pour le gouvernement mérina, de rembourser l'emprunt contracté pour payer l'indemnité de guerre grâce à l'extraction de l'or. La violence si elle se lit chez les victimes que sont les enfants, elle se localise aussi dans la rupture que cette institution occasionne dans la vie familiale, génère des angoisses chez les parents à envoyer leurs enfants à l'école qui est en totale rupture avec leur culture et leur religion; elle prône une représentation «cannibalesque» de l'école, liée à la perte ontologique du sujet.

Rousseau C., Said T.M., Gagne M.J., Bibeau G., 1998, «Between Myth and Madness: The Premigration Dream of Leaving Among Young Somali Refugees», *Culture, Medicine and Psychiatry*, Vol. 22, n°4, pp. 385-411.

Many young Somali refugees experience long premigration waits and a poorly delimited transition period in a succession of countries before reaching their final destination. During this difficult passage, a myth dealing with departure and exodus is collectively constructed, and it serves as a dynamic, mobilizing dream that orients individual strategies. This substitution of «dream travel» for real travel during the transition period, especially if it is prolonged, may cause Somali youths to lose contact with reality and eventually to slide into madness. The authors' approach is based on three assumptions: (a) that pastoralism predisposes the Somali to value travel as a way of maturing, (b) that age-based peer groups create special migratory dynamics, and (c) that an ethic of solidarity involves many people in the adventure of a migrant youth. When trapped in an indefinite transition period, young men share khat-chewing sessions during which they relate success stories and dreams of leaving.

Many grow frustrated with the delay, and if their departure plans fall through, the «dream trip» often becomes «dream madness». Actual cases illustrate how some young Somali get lost in their dreams. A young Somali's vulnerability is heightened when he extricates himself from the system of reciprocal obligations or when the liminal stage ends with the mourning of the impossible dream. In the universe of madness visited by some young Somali migrants, the boundaries between the real and the imaginary are poorly marked. The paper is based on fieldwork carried out in the Horn of Africa and in Canada. interviews with Somali immigrants and members of the community, and clinical psychiatric data collected in Montreal.

Toto, J.-P., 1994, *Les enfants et les jeunes de la rue à Brazzaville*, Union pour l'étude de la population africaine (UEPA), Programme de petites subventions pour la recherche en population et développement, Dakar, 102p, tab., graphiques.

L'étude vise à évaluer l'impact des facteurs socio-démographiques, économiques et culturels sur le phénomène des enfants et jeunes de la rue et de proposer quelques axes de réflexion et d'action en vue de leur resocialisation réussie. L'auteur recourt à l'enquête de terrain à l'aide d'un questionnaire. Son échantillon comprend 407 enfants, soit 266 garçons et 141 filles. Il détermine trois facteurs fondamentaux à la base de cette situation: l'instabilité familiale, les difficultés économiques et la remise en cause des valeurs morales dans la société et au sein de la famille. Cependant, le chapitre IV, résultats de l'enquête, décrit les conditions de vie et les stratégies des enfants de la rue, où l'organisation en bande prévaut comme mode de vie. Le danger vient de la double violence de la soumission à la volonté des plus âgés et des plus forts débouchant sur la délinquance autant que du poids de la répression policière. Les harcèlements policiers les rapprochent progressivement de la prison, que l'auteur qualifie d'école de la grande délinquance et de la criminalité. Enfin, l'auteur propose des solutions et perspectives pour l'action.

Toulabor, C.M, 1996, «Jeunes, violence et démocratisation au Togo», in *Afrique contemporaine*, n°180, octobre-décembre, pp. 116-125.

L'auteur retrace la redécouverte démocratique au Togo, dès 1990, qui est caractérisée par une flambée de violence. Les jeunes y participent, car la violence est devenue un mode d'expression politique. Analysant ce mode d'expression, il y distingue deux structures productrices de la violence. Sorte d'intifada, la première structure appelée les *Ekpemog*, est composée des jeunes des deux sexes et de toutes conditions sociales. Mais l'ossature est constituée des jeunes gens défavorisés. Elle est au service des principaux responsables de l'opposition. Elle se sert de jets de pierres, de casses, de pillages et d'incendies du mobilier public. Tandis que la seconde structure, le *Hacame*, est formée d'étudiants et de militaires en uniforme et en civil. D'origine ethnique du Nord et du président de la République, elle est armée. Elle reçoit l'appui logistique et le soutien de l'armée, qui est dévouée et qui a remplacé la police. La violence des jeunes est une contre-violence contre la violence structurelle de l'État togolais, qui s'est érigé en «théologien» de la production des vérités absolues pour camoufler ses «incapacités». Cette double violence a criminalisé le processus démocratique. Sa seconde valeur est qu'elle exprime le parricide, qui s'accomplit dans la violence, la brutalité et le désordre.

Wrzesinska, A., 1998, «Les jeunes africains en difficulté (Le cas de la République démocratique du Congo)», in *Africana Bulletin*, n°46, pp. 149-162.

Cet article se focalise sur les enfants et les jeunes d'Afrique mais il repose essentiellement sur l'expérience de la récupération des enfants de la rue de Kinshasa. Cette catégorie d'âge est soumise à diverses violences, aux abus sexuels et aux prédations des plus âgés, quand ils vivent dans la rue. Les filles sont violées, mais le viol est rarement perçu par l'infracteur comme un acte répréhensif. La culture traditionnelle parfois est détournée pour servir de moyen d'escroquer l'autre. Si la réinsertion ou le placement en famille des tout petits est la solution idéale pour cette tranche d'âge, l'entrée dans la vie professionnelle est celle des adolescents et autres jeunes adultes. Mais, les filles qui se prostituent peuvent-elles trouver mieux? Lorsqu'on sait que la société traverse une crise économique et connaît une récession dans l'emploi? Toutefois, les institutions de réinsertion de l'enfant de la rue ont débuté avec le juge d'instruction, puis l'Église et d'autres ONG. Malgré l'existence et l'adhésion des pays africains à la Charte africaine sur les droits et le bien-être de l'enfant, celle-ci n'est pas respectée par les dirigeants qui, au besoin, les violent pour des raisons de stabilité de leur régime politique.

Bibliographie signalétique

Adesani, P. (ed.), 1997, *Youth, Street Culture and Urban Violence in Africa*, Report on the International Symposium held in Abidjan, 5-7 May, Ibadan, IFRA, 40p.

Adisa, J., I.O. Albert, and G. Heralt, 1995, Report on the International Symposium on Urban Management and Urban Violence in Africa, Ibadan, IFRA, 78p.

Albert, I.O., J. Adisa, T. Agbola and G. Heralt (eds.), 1994, *Urban Management and Urban Violence in Africa*, IFRA, Ibadan, 2 volumes. Proceedings of the International Symposium held at Ibadan, Nigeria, 7-11 November, Ibadan, IFRA, 850p.

Anyuru, M.A., 1996, «Uganda's Street Children», in *Africa Insight*, Vol. 26, n°3, pp. 268-275.

BASE, 1989, «L'enfance, l'éducation et la déviance juvénile en Afrique», actes du colloque international de Kinshasa, décembre 1986, Les Cahiers de criminologie de l'Université de Montréal, n°10, p.

Bazengissa-Ganga, R., 1996, «Milices politiques et bandes armées à Brazzaville: enquête sur la violence politique et sociale des jeunes déclassés», in *Les Etudes du CERI*, n°13, FNSP, avril, 32p.

Bazenguissa-Ganga, R., 1992, «La SAPE et la politique au Congo», in *Journal des africanistes*, 62, n°1.

Bortner, M. A., 1997, *Youth in Prison: We the People of Unit Four*, M.A. Bortner and Linda M. Williams, New York, London, Routledge, xvii -245p.

Cissé, M., 1976, *Les bandes de délinquants*, INAES, Dakar, Mémoire de fin d'études, section des Éducateurs spécialisés, Dakar, 171p.

Coppiers, T., Wallant, R., 1992, *Jeunesse marginalisée, Espoir de l'Afrique*, Un juge des enfants témoigne, Paris, L'Harmattan, p.188.

Emancipation and Action for Street Children, 1994, «Report of the National Workshop on Street Children», held at Pope Paul Memorial Centre, Ndeeba, Kampala 20 October. Organised by The Ministry of Labor and Social Affairs, in collaboration with UNICEF, ii-19p, photograhies, tableaux.

Faye, O., 1989, *L'urbanisation et les processus sociaux au Sénégal. Typologie descriptive et analytique des déviances à Dakar, d'après les sources d'archives, de 1885 à 1940*, Université C.A. Diop, Thèse de doctorat de 3ᵉ cycle en histoire, Dakar, 648p.

Human Rights Watch, 1997, *Children's Rights Project: Juvenile Injustice: Police Abuse and Detention of Street Children in Kenya*, Human Rights Watch Children's Rights Project; [written by Yodon Thonden; edited by Lois Whitman and Binaifer Nowrojee], New York, Human Rights Watch, 155p.

ouamé N'Guessan, J., 1996, *Marché noir et délinquance juvénile*, l'exemple du «Black Market» d'Adjamé, Institut de criminologie d'Abidjan, Abidjan.

e Vine, V.T., 1968, Generational Conflict and Politics in Africa: A Paradigm in Civilisation, n°3, pp. 399-420.

eguernel N., M. N'Diaye M., M.C. Ortigues, C. Berne et D. Dembard, 1969, «La conception de l'autorité et son évolution dans les relations parents-enfants à Dakar», in *Psychopathologie africaine*, V,1, pp. 11-73.

ackey, William J., 1993, *Urbanism as Delinquency: Compromising the Agenda for Social Change*, William J. Mackey, Janet Fredericks, Marcel A. Fredericks Lanham, Md.: University Press of America, 176p.

archal, R., 1993, «Les mooryans de Mogadiscio. Formes de violence dans un espace urbain de guerre», in *Cahiers d'études africaines*, 130, pp. 295-320.

arguerat, Y et D. Poitou (eds.), 1994, *A l'écoute des enfants de la rue en Afrique noire*, Paris, Fayard, 628p.

endy, H., 1969, «Les problèmes de la jeunesse délinquante, enfance inadaptée et développement», *Sénégal d'aujourd'hui*, décembre, pp. 17-23.

uga, Erasto, 1975, «Crime and Delinquency in Kenya: An Analysis of Crime Rate of Arrested and Convicted Persons by Racial and Ethnic Groups, Sex and Age, Offences Committed and Urban and Rural Differentials», Erasto Muga, Kampala, East African Literature Bureau, xvii, 158p.

'Gessan, C., 1993, *Approche criminologique du phénomène des enfants et des jeunes de la rue en Côte d'Ivoire: le cas d'Abidjan*, Institut de criminologie d'Abidjan, Abidjan, janvier.

anitelamio, J., 1996, «Étude sur les enfants de la rue au Sénégal. Enquête qualitative», Rapport final, Dakar, UNICEF, 112p.

jo, J.D., 1995, Students' Unrest in Nigerian Universities: A Legal and Historical Approach, Ibadan, IFRA and Spectrum, xx-110p.

eymour, Richard B., 1987, *Drugfree: A Unique, Positive Approach to Staying off Alcohol and other Drugs*, Richard B. Seymour & David E. Smith, New York, Facts on File, ix,261p.

nah, S.O., 1997, *Juvenile Delinquency and Juvenile Violence in Jos Nigeria*, Ibadan, IFRA and African Books Builders, viii-70p.

y, H., 1984, *De la violence urbaine* (Dakar-Pikine-Guédiawaye-Thiaroye), Cadre géographique. Aspects criminogènes et approche quantitative du phénomène, Université de Dakar, Faculté des Lettres et Sciences humaines, Mémoire de maîtrise, 153p.

racey Skelton and Gill Valentine (eds.), 1997, *Cool Places: Geographies of Youth Cultures*, London, Routledge, xi, 383p.

Wade, M., 1981, *Le délinquance juvénile à Pikine, Les causes socio-économiques de la délinquance*, ENPFP, Dakar 1981, Mémoire de fin d'études, section des Commissaires de police.

Werner, J.-F., 1993, Marges, sexe et drogue à Dakar: Enquête ethnographique, Karthala, ORSTOM, Paris, 292p.

Williams, C.G., 1996, «Street Children and Abuse of Power», in *Africa Insight*, Vol. 26, n°3, pp. 221-230.

Zirimba, N.C., 1996, *Usage des drogues et des stupéfiants et criminalité violente chez les adolescents à Abidjan*, Institut de criminologie d'Abidjan, Abidjan.

Institutions de prise en charge

Aide à l'enfance défavorisée, AED, Kinshasa.

ENDA Tiers-Monde, Dakar.

East African Youth Council, Nairobi.

Ethiopian Youth League, Addis Ababa Forum on Street Children, Addis Ababa.

Fondation Jeunesse et Avenir, JAFED, Kinshasa.

Les Pères de la Société du Verbe Divin, SVD, Kinshasa.

Œuvre de reclassement et de Protection de l'Enfance de la Rue, ORPER, Kinshasa ou SVD.

Tanzania Media Women's Association, TAMWA: advocating the rights of women and children.

Tanzania Welfare Counseling Mission, TAWECOMI.

Undugu, Nairobi.

www.ingramcontent.com/pod-product-compliance
Lightning Source LLC
Chambersburg PA
CBHW062044270326
41929CB00014B/2533